RECUEIL DE JURISPRUDENCE

SUR LES

TARIFS DIFFÉRENTIELS

APPPLIQUÉS

AUX TRANSPORTS PAR CHEMINS DE FER

PRÉCÉDÉ

D'UNE NOTICE HISTORIQUE SUR L'ÉTAT DE LA QUESTION

Par Amédée MARC

ANCIEN MAGISTRAT, ANCIEN DIRECTEUR ET ADMINISTRATEUR DÉLÉGUÉ DE LA COMPAGNIE
DU CHEMIN DE FER DE PARIS A ORLÉANS

Publié par Auguste PINEL

DOCTEUR EN DROIT, AVOCAT AU CONSEIL D'ÉTAT ET A LA COUR DE CASSATION.

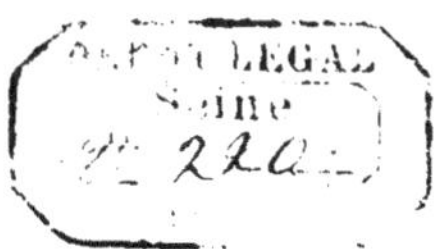

PARIS
IMPRIMERIE CENTRALE DES CHEMINS DE FER
A. CHAIX ET Cie
RUE BERGÈRE, 20, PRÈS DU BOULEVARD MONTMARTRE
1872

PRÉFACE

Le recueil et la notice que nous publions sont l'œuvre de l'homme éminent qui, après avoir été magistrat, devenu Directeur et Administrateur de la Compagnie du chemin de fer d'Orléans, s'est livré avec une ardeur féconde à l'étude approfondie des questions les plus importantes en matière de chemins de fer.

La haute intelligence, les vives lumières et l'expérience consommée qu'il a apportées dans la discussion de ces questions, donnent à ses travaux une autorité incontestable.

Mieux que personne, M. Marc, qui avait déjà pris part avec succès à la discussion du *Projet de reprise des chemins de fer par l'État* (1), à celle relative au *groupage* des marchandises (2), à la révision des cahiers des charges des grandes Compagnies (3), pouvait aborder l'étude non moins délicate des *Tarifs différentiels.*

Dans la grande enquête qui eut lieu en 1850, devant le Conseil d'État, sous la présidence de M. Vivien, sur l'*application des Tarifs de chemins de fer* (4), le Directeur de la Compagnie d'Orléans répondit à toutes les demandes qui lui furent

---

(1) *Observations présentées à l'Assemblée nationale sur le projet de reprise des chemins de fer par l'État.* (Imprimerie centrale des Chemins de fer, 1848.)

(2) *La question du* GROUPAGE *ou de la Distinction et de la Confusion des différents Tarifs des chemins de fer.* Avril 1855.

(3) *Du Projet de réforme des Cahiers des charges qui régissent les anciennes concessions de chemins de fer*, par M. Marc, Administrateur, ancien Directeur de la Compagnie d'Orléans. Février 1857.

(4) Conseil d'État. *Enquête sur l'application des Tarifs de chemins de fer.* (Paris, Imprimerie nationale. Mars 1850.)

adressées avec la sûreté de vues, l'indépendance de caractère et la sagacité qui le distinguaient.

Travailleur infatigable, dévoué avec passion à toutes les causes qu'il embrassait, M. Marc a laissé dans le département de l'Orne, son pays d'adoption (1), comme dans la mémoire de ses collègues du Conseil d'administration et de tous ceux qui l'ont plus intimement connu, un souvenir ineffaçable.

Quand cette publication n'aurait pour résultat (en montrant l'importance que son auteur attachait, pour la bonne exploitation des chemins de fer, à une saine application des tarifs) que d'avoir fait revivre ces pages qu'il avait destinées lui-même à la publicité, nous nous estimerions heureux d'avoir pu concourir à une œuvre qui porte son nom et à laquelle il avait bien voulu nous associer de son vivant.

A. PINEL.

Paris, 29 novembre 1871.

(1) M. Marc a puissamment contribué, par ses efforts persévérants, à l'établissement de la ligne de Saint-Cyr à Granville.

NOTICE HISTORIQUE ET CRITIQUE.

L'industrie des chemins de fer n'est parvenue à se développer en France qu'au prix de luttes incessantes.

Le public, appelé à jouir de ce nouveau mode de transport, plus rapide et plus économique que tous les autres, n'en a jamais contesté la grande utilité, mais il a amassé contre les Compagnies de chemins de fer certains préjugés qui, malgré les décisions de la justice, n'en sont pas moins encore vivants dans les esprits.

Parmi les nombreuses questions soulevées à l'occasion des chemins de fer, il en est une qui a eu le privilége d'occuper longtemps les tribunaux, et qui, par son importance, domine peut-être toutes les autres. C'est la question des *Tarifs différentiels*.

Depuis les derniers arrêts de la Cour de cassation, qui remontent déjà à quelques années, on pouvait croire cette question définitivement éteinte, lorsqu'à la fin des sessions de 1864 et de 1865, la discussion sur le budget dans le sein du Corps Législatif a semblé la réveiller tout entière.

Avant de l'aborder à notre tour, nous expliquerons ici, en peu de mots, ce que signifie l'expression de « tarifs différentiels »; nous exposerons ensuite l'origine des difficultés que l'application de ces tarifs a soulevées, les différentes phases par lesquelles ils ont passé, les objections qui leur ont été opposées et les raisons qui, en droit comme en équité, justifient leur existence et ont fait en définitive triompher leur cause devant la justice.

I. — On sait que pour indemniser les Compagnies de chemins de fer de leurs dépenses, tant de construction première que d'entretien et d'exploitation, le Gouvernement leur accorde l'autorisation de percevoir, pendant toute la durée de leur concession, les droits de péage et les prix de transport fixés par les cahiers des charges.

Ces droits de péage et ces prix de transport constituent le tarif légal de chaque Compagnie, et par conséquent sa propriété.

Les cahiers des charges, en établissant différentes classes de marchandises avec des prix différents, contiennent des tarifs *maxima* qui, comme le mot l'indique, ne peuvent être dépassés. Les Compagnies peuvent se mouvoir au-dessous de ces *maxima*, sous cette triple condition : 1° que les tarifs abaissés ne pourront être relevés qu'après des délais déterminés; 2° que tout changement devra être affiché un mois d'avance; 3° qu'il devra être homologué par l'Administration.

Dans son acceptation générale, cette expression de *tarifs différentiels* comprend tous les tarifs présentant entre eux une inégalité quelconque, soit dans les prix perçus, soit dans les conditions d'application de ces prix.

Dans les débats qui se sont engagés depuis l'origine des chemins de fer devant les Tribunaux, l'Adminisiration et les Chambres, la question des tarifs différentiels a porté presque uniquement sur ceux dont les prix n'étaient pas proportionnels à la distance : ainsi, à propos des pétitions adressées au Sénat en 1863, le savant rapporteur de la Commission, M. Malet, en a donné la définition suivante : « Les tarifs différentiels sont ceux qui varient, pour les différents » parcours d'un chemin de fer, suivant une loi autre que la propor- » tionnalité à la distance; ou dans lesquels le prix demandé pour » un parcours double ou triple n'est pas double ou triple de celui de » la distance simple. (1) »

II. — Les Compagnies de chemins de fer n'ont pas inventé les tarifs ou les prix différentiels, elles les ont trouvés établis par toutes les entreprises de transport qui existaient avant elles : messagerie, roulage, batellerie, cabotage, grande navigation, etc., etc. On les

(1) Voir le rapport de M. Malet, séance du 18 avril 1863, *Moniteur* du 19.

retrouve même encore aujourd'hui appliqués partout où ces entreprises rencontrent les chemins de fer aussi bien que là où elles règnent sans partage : c'est-à-dire sur toutes les voies de terre, fluviales ou maritimes. Ce fait, qui ne peut pas être contesté, suffirait à lui seul pour prouver que la différenciation des prix est de l'essence du commerce des transports. Il suffit aussi pour expliquer comment, dans les cahiers des charges des premiers chemins concédés, on ne trouve aucune disposition qui fasse allusion à l'idée de tarifs différentiels, le seul principe posé étant la liberté de tarification dans la limite du *maximum* imposé aux Compagnies concessionnaires.

§ 1er. — C'est en 1840, dans le cahier des charges modifié des chemins de fer de Paris à Orléans (art. 35) et de Strasbourg à Bâle, que, pour la première fois, on crut devoir exprimer formellement le droit pour la Compagnie de faire des abaissements de prix au-dessous des limites déterminées par le tarif (1). En reconnaissant ce droit, on n'en subordonna l'exercice à aucune condition particulière, en dehors des conditions générales de délai, d'affichage et d'homologation.

La seconde disposition relative à la différenciation des tarifs, introduite en même temps que la première dans le même cahier de charges, est celle qui reconnaît aux Compagnies « le droit *d'accorder à* » un ou plusieurs expéditeurs une réduction sur l'un des prix portés au tarif, sauf à en donner connaissance à l'Administration, » celle-ci ayant le droit de déclarer la réduction une fois consentie » obligatoire vis-à-vis de tous les expéditeurs et applicable à tous les » articles de même nature. »

Cette dernière innovation eut cette triple conséquence : 1° que les Compagnies de chemins de fer purent aller partout au devant des besoins si multipliés et se plier aux convenances si variées du commerce; 2° que de là résultèrent des concessions réciproques et des abaissements de prix considérables que les Compagnies n'auraient

(1) Le cahier des charges de 1838 conférait déjà à la Compagnie la faculté d'abaisser les taxes au-dessous du tarif, sous la condition qu'elles ne pourraient être relevées qu'après un délai de six mois (article 35); mais cet article ne prescrivait aucune condition d'affichage ou d'homologation.

jamais osé tenter par voie de mesure générale; 3° que les réductions partielles furent successivement étendues et généralisées par elles, puis forcément consenties par les autres entreprises de transport par terre et par eau.

C'est de là, il faut bien le remarquer, que date la révolution qui a mis à la portée du public et en rapport direct avec lui ce nouvel et puissant instrument de transport, dont les anciens transporteurs avaient essayé de retirer pour eux seuls tous les avantages, en considérant les chemins de fer comme de simples relayeurs à tant le kilomètre, en groupant les colis, et en se réservant d'une manière exclusive la faculté de différencier chaque jour et pour chaque expéditeur les prix que les chemins de fer ne pouvaient changer qu'après un temps déterminé.

Cette révolution ne se fit pas sans une grande résistance. Les anciens transporteurs soulevèrent de toutes parts les plus vives réclamations contre les tarifs différentiels offerts au public par les Compagnies de chemins de fer. Les journaux d'abord, puis les Chambres de commerce, puis enfin les Conseils généraux se firent les interprètes des doléances de leurs intérêts froissés, et le Gouvernement, ému de ces plaintes, crut devoir, à l'occasion de l'examen du projet de loi pour la prolongation de concession du chemin du Nord, saisir le Conseil d'État de l'examen de la question des tarifs.

§ 2.— Une enquête fut ouverte en 1850 au Conseil d'État, devant la section de législation présidée par M. Vivien (1). Les représentants les plus autorisés des grandes Compagnies de chemins de fer, de canaux et de messagerie; les notabilités du commerce et de la grande industrie y furent entendus. Sauf des divergences d'opinion peu sensibles sur des questions secondaires, tout le monde fut d'accord sur ce point que les tarifs différentiels, qui avaient toujours existé

(1) Les résultats de cette enquête, consignés dans les procès-verbaux des séances de la Commission, rédigés et revus avec le plus grand soin par les deux auditeurs au Conseil d'État attachés à cette Commission, ont été recueillis et publiés en un volume qui ne contient pas moins de 217 pages (Imprimerie nationale, mars 1850). La lecture attentive de ce document jette une vive lumière sur la question des tarifs différentiels.

dans le commerce des transports sur toutes les autres voies, devaient exister également et forcément dans le commerce des transports par chemins de fer, et que sans ces tarifs il n'y avait pas d'exploitation possible par les Compagnies concessionnaires.

Aussi les tarifs différentiels, sortis victorieux de cette épreuve décisive, furent maintenus comme principe fondamental dans le cahier des charges du chemin de fer du Nord.

§ 3. — Cependant les anciennes entreprises de transport recommencèrent la lutte l'année suivante, et cette fois devant l'Assemblée législative. En 1851, en effet, dans la discussion du projet de loi sur le chemin de fer de l'Ouest, le § 12 de l'article 27 de ce projet, relatif aux traités particuliers, fut l'objet d'un amendement qui avait pour but de faire déclarer les réductions, une fois consenties par les Compagnies, obligatoires vis-à-vis de tous les expéditeurs, non plus seulement au gré de l'Administration, mais par voie de conséquence générale et *de plein droit* (1).

Cet amendement fut repoussé par l'Assemblée dans sa séance du 12 mai 1851, sur les judicieuses observations de M. le comte Daru. L'honorable député soutint « que le système en vigueur, qui permet-
» tait à *tout expéditeur d'obtenir, dans les mêmes conditions, la même*
» *réduction de prix*, était un système raisonnable; que supprimer les
» tarifs différentiels, ce serait diminuer l'effet utile des chemins
» de fer, en diminuant leur revenu et en grevant l'État par l'augmen-
» tation rendue nécessaire de ses subventions; qu'exhausser les prix,
» ce serait tuer la concurrence faite aux autres voies de transport et
» peser sur le producteur et le consommateur (2).

(1) Cet amendement avait été déposé et fut développé par M. Kestner, dans la séance de l'Assemblée nationale du 12 mai 1851 *(Moniteur du 13)*. « L'article demande donc, dit » M. Kestner (art. 27, § 12 du cahier des charges), que l'Administration ait le droit de » déclarer la réduction, une fois consentie, obligatoire vis-à-vis de tous les expéditeurs, et, » dans mon amendement, je propose que cette réduction soit de *droit obligatoire*. »

(2) « Il faut bien reconnaître, disait, lors de l'enquête de 1850, M. Marc, alors Directeur de » la Compagnie d'Orléans, que, quand on a créé un chemin de fer, on a créé un instrument » d'une puissance immense. On a remplacé par cet instrument unique les mille instruments » qui servaient aux transports dans toute la région qu'il occupe ; mais le monopole trouve

Et M. Daru concluait ainsi : « Entre ces deux systèmes, une tari-
» fication aveugle, égale pour tous, ou une tarification intelligente,
» réglée d'après les conditions de transports, vous avez à choisir. »

L'Assemblée n'hésita pas dans son choix, et la liberté des taxes dont jouissaient toutes les autres entreprises de transport fut une fois de plus reconnue pour les Compagnies de chemins de fer.

III.—Les cahiers des charges de 1857, plus explicites encore que les précédents, contiennent à l'égard des tarifs différentiels une disposition expresse ainsi conçue : « Dans le cas où la Compagnie jugerait
» convenable, soit pour le parcours total, soit pour les parcours par-
» tiels de la voie de fer, d'abaisser *avec* ou *sans conditions*, au-
» dessous des limites déterminées par le tarif, les taxes qu'elle est
» autorisée à percevoir, les taxes abaissées ne pourront être relevées
» qu'après un délai de trois mois pour les voyageurs et d'un an pour
» les marchandises. »

Cet article reproduit identiquement la disposition corrélative de l'ancien cahier des charges, en y ajoutant ces trois mots : « *avec* ou *sans conditions.* » Cette addition a eu pour objet de répondre à un nouveau grief des transporteurs concurrents qui en étaient venus à contester aux Compagnies de chemins de fer le droit d'établir des prix différentiels en raison des différentes conditions de transport, non plus seulement dans les traités particuliers, mais encore dans leurs tarifs généraux.

Rien n'est plus formel que le texte de cet article 48, qui laisse aux Compagnies toute latitude dans la fixation des prix, pourvu que le *maximum* prescrit par le tarif général ne soit pas dépassé.

Quant aux motifs généraux sur lesquels repose cette disposition, il y en a deux qui se présentent en première ligne : le premier, c'est celui si bien développé par M. le comte Daru dans le passage que

---

» son remède dans la lutte que les anciens transporteurs soutiennent sans cesse contre lui.» L'expérience permet d'ajouter aujourd'hui qu'un second remède, plus efficace peut-être que le premier, s'est trouvé dans l'intérêt du concessionnaire qui a été conduit à chercher sa première économie dans l'utilisation constante de toutes les forces de cet instrument, et par suite dans l'abaissement des tarifs, seul moyen de lui créer de nouveaux transports.

nous avons rapporté plus haut, à savoir : la nécessité de doter le pays de voies ferrées sans faire porter sur l'État tout le poids de la dépense de construction, en chargeant les Compagnies d'une partie de cette dépense et en les autorisant par suite à exploiter à leur profit pendant un certain temps; — le second, qui a été mis en lumière devant le Sénat par le savant rapporteur des pétitions de 1863, et qui consiste dans la différence occasionnée dans les dépenses d'exploitation entre les transports à grande et ceux à petite distance (1).

Dans les nouveaux cahiers des charges de 1857, la faculté pour les Compagnies de faire des traités particuliers a été supprimée (2), non pas en haine des tarifs différentiels, dont le principe est demeuré vivant dans la législation qui régit les chemins de fer, mais par des raisons spéciales à ces traités eux-mêmes, devenus trop nombreux, trop compliqués et trop embarrassants pour l'Administration, qui trouvait sans doute plus d'inconvénients que d'avantages à les convertir en tarifs de droit commun, puisqu'elle n'a jamais fait usage de la faculté de les généraliser.

L'interdiction des traités particuliers ne fut toutefois appliquée dès l'abord qu'avec des tempéraments : l'Administration comprit qu'il était à la fois de l'intérêt des Compagnies et du public de laisser continuer la pratique des réductions différentielles résultant de certains de ces traités.

C'est ainsi que les *tarifs généraux* dits *d'abonnement* (ceux en vertu

---

(1) Voici comment le baron Malet s'exprimait à cet égard dans la séance du 18 avril 1863 : « On est parti pour l'établissement des tarifs différentiels du principe qui veut que le tarif kilométrique soit moindre pour une plus grande distance parcourue. Ce principe nous » paraît de toute équité.

» Les Compagnies perçoivent des taxes de gare; mais, en général, les frais nécessaires pour » charger, décharger, couvrir, réunir et livrer la marchandise, sont supérieurs à ces taxes, et » l'on comprend que les frais répartis sur un plus grand nombre de kilomètres chargent moins » les expéditeurs à de grandes qu'à de petites distances. D'un autre côté, ajoute le rapport, » un long trajet utilise mieux, et ceci est important, le matériel roulant. En effet, pour de » petites distances, ce matériel est bien plus souvent en chômage, laissant ainsi momentané» ment improductive une portion importante du capital d'une Compagnie. » (Rapport de M. Malet au Sénat, séance du 18 avril 1863.)

(2) Article 48 du cahier des charges des Compagnies, modifié à l'occasion des concessions de 1857.

desquels tous les expéditeurs qui s'engageaient à remettre leurs marchandises au chemin de fer jouissaient d'une réduction) survécurent pendant quelque temps à la mesure radicale édictée par le nouveau cahier des charges. Mais bientôt, attaqués de toute part, par la presse, par des pétitions au Sénat et devant les tribunaux, ces tarifs furent interdits comme les traités particuliers (1).

L'arrêté du Ministre des travaux publics, en date du 25 janvier 1860, qui porte cette interdiction, est motivé sur ce que les tarifs d'abonnement sont de véritables traités particuliers; sans doute en ce sens que chaque particulier qui veut en revendiquer le bénéfice doit prendre un engagement personnel envers la Compagnie; mais ce motif était peut-être plus spécieux que solide; car, ce qui caractérisait essentiellement les traités particuliers, ce n'était pas l'engagement particulier pris par chaque traitant envers la Compagnie, c'était la différence existant entre les conditions de chaque engagement particulier; et le caractère essentiel des tarifs d'abonnement c'était d'offrir à tous les expéditeurs les mêmes conditions de prix dans les mêmes conditions de transport. Il y avait d'ailleurs entre ces deux tarifications une autre différence matérielle et bien incontestable, c'est que les traités particuliers échappaient aux trois conditions de délai, d'affiche et d'homologation, tandis que les tarifs généraux d'abonnement y avaient toujours été soumis. Quoi qu'il en soit, l'arrêté ministériel précité déclara que les tarifs d'abonnement jusque-là en vigueur avaient été jusque-là l'objet d'une tolérance administrative temporaire, et retira purement et simplement les *autorisations provisoires* accordées pour la mise en exécution de ces tarifs.

IV. — Après cette double concession qui eut pour résultat de sacrifier d'abord les traités particuliers, ensuite les tarifs généraux d'abonne-

(1) Un éminent jurisconsulte, M. de Vatimesnil, a donné, en 1859, à la Chambre de commerce de Rouen, une consultation dans laquelle les tarifs d'abonnement sont l'objet de vives attaques. M. Ed. Bonivilliers, maître des requêtes au Conseil d'Etat, a répondu à ces attaques dans un ouvrage intitulé : *Des transports à prix réduits sur les chemins de fer.* (Paris, Hachette, 1859.)

ments avec les abaissements qui en étaient la conséquence, aux jalousies qu'ils avaient soulevées dans le commerce intérieur, le Gouvernement fut conduit à examiner la question des tarifs différentiels à un point de vue plus élevé, c'est-à-dire au point de vue de la concurrence faite aux producteurs commerçants et transporteurs français par ceux de l'étranger.

Le décret du 26 avril 1862 contient à cet égard les dispositions principales, dont nous croyons devoir rapporter le texte :

« ART. 1er. Par dérogation aux articles 44, 48 et 49 de l'ordonnance du 15 novembre 1846, et aux § 1, 2 et 3 de l'article 48, du cahier des charges.

Délai pour le relèvement des prix, l'affichage et l'homologation.

» Le transport des marchandises de transit et des marchandises d'exportation sera réglé par les dispositions suivantes :

Tarifs de transit.

» ART 2. Sur ce qui concerne le transport des marchandises de transit, le Ministre de l'agriculture, du commerce et des travaux publics pourra autoriser les Compagnies *qui en feront la demande, à percevoir les prix et appliquer les conditions qu'elles jugeront les plus propres à combattre la concurrence* qui leur est faite par les voies étrangères.

» Elles ne seront astreintes dans ce cas à aucune formalité d'affichage préalable et à aucune loi, soit pour appliquer les taxes réduites, soit pour opérer dans les limites fixées par leurs cahiers des charges, le relèvement des prix abaissés.

» ART. 3. Les Compagnies auxquelles cette autorisation aura été accordée, communiqueront au Ministre les prix et conditions applicables au transit la veille de leur mise en vigueur.

» ART. 4. Chaque tarif de transit sera porté à la connaissance du public, avant sa mise en vigueur, par des affiches apposées dans toutes les gares dénommées dans le tarif.

Tarifs d'exportation.

» ART. 6. Les Compagnies seront dispensées, pour les tarifs d'exportation à prix réduits, des formalités d'affichage préalable, prescrites par l'article 49 de l'ordonnance du 15 novembre 1846. — Elles seront en outre exonérées de l'obligation imposée par le cahier des charges de ne pas relever les taxes avant le délai d'un an.

» ART. 7. Les Compagnies soumettront au Ministre toutes les propositions tendant, soit à abaisser les taxes des marchandises destinées à l'exportation, soit à modifier les conditions générales d'appliciation relatives à ces transports.

» ART. 9. Si dans un délai de cinq jours, à dater de l'enregistrement de ces propositions au Ministre, le Ministre n'a pas notifié aux Compagnies son opposition, les tarifs proposés pourront être appliqués à titre provisoire.

» ART. 10. Toutes les fois qu'après le délai minimum de trois mois fixé par l'article 8 du présent décret, les Compagnies voudront relever les tarifs d'exportation par elles abaissés, elles seront tenues de se conformer à toutes les dispositions de leur cahier des charges et de l'ordonnance du 15 novembre 1846. »

Le décret de 1862, qui portait dans son article 3, que « le prix total pour chaque marchandise devrait être le même pour tous les ports de mer appartenant au même réseau et situés sur le même littoral, » a été modifié et complété par un décret postérieur du 25 août 1864 qui, en définissant les réseaux, classe en différents groupes les ports compris dans chacun d'eux. (Voir ce dernier décret.)

Ne trouve-t-on pas dans ces dispositions, précisément pour le cas particulier dont s'agit, la même expression et par conséquent la même pensée qui se trouve dans les premiers comme dans les derniers cahiers des charges; à savoir que les Compagnies sont les seules juges, parce qu'au point de vue même de l'intérêt public, elles sont aussi les meilleurs juges des circonstances qui peuvent modifier des abaissements de tarifs, des conditions et de l'importance de ces abaissements ?

Les cahiers des charges avaient dit en principe et comme règle générale : « Dans le cas où les Compagnies jugeraient convenable, soit pour le parcours total, soit pour les parcours partiels, d'abaisser avec ou sans conditions, au-dessous des limites déterminées par le tarif, les taxes qu'elles sont autorisées à percevoir..... » l'intérêt public voulant seulement qu'elles fussent soumises à certaines obligations et formalités pour la durée, l'affichage et l'homologation.

Le décret dit à son tour, pour le cas particulier dont il s'occupe et dans un intérêt de premier ordre : les Compagnies seront dispensées de la plupart des obligations et formalités de droit commun, lorsqu'elles auront demandé et obtenu du Ministre l'autorisation de percevoir les prix et d'appliquer les conditions qu'elles jugeront les plus propres à combattre la concurrence qui leur est faite par les voies étrangères.

A quoi donc aurait servi la dispense des obligations de pure forme qui leur sont imposées en cas d'abaissement des taxes par les cahiers des charges et les règlements de police, si les cahiers des charges eux-mêmes ne contenaient pas en principe le droit pour elles d'abaisser ces taxes quand elles le jugent convenable, avec ou sans condition, soit pour le parcours total, soit pour les parcours partiels, en dehors, par conséquent, de toute règle tirée de l'égalité absolue ou de la proportionnalité kilométrique ?

V. — Ces dispositions nouvelles ont soulevé naturellement des objections de bien des sortes, notamment celle tirée du principe d'égalité des taxes. Des pétitions ont été adressées au Sénat et ont réveillé la question des tarifs différentiels, qui avait paru sommeiller quelque temps après la suppression des traités particuliers et des tarifs généraux d'abonnement.

Les pétitionnaires, presque tous habitants et industriels de l'Alsace, ont prétendu qu'il était injuste que la marchandise étrangère expédiée d'une ville d'Allemagne à destination d'une ville française, payât un prix de transport moins élevé que leur marchandise, à eux, voyageant en France et y faisant un parcours semblable, ou même un trajet plus long. En fait, la tonne de coton prise à Boulogne et rendue à Strasbourg, coûtant au négociant français 108 fr. 50 cent., aurait dû, suivant les pétitionnaires, coûter au moins aussi cher aux négociants étrangers, lorsqu'elle était expédiée sur un point plus éloigné que Strasbourg. Et cependant le transport de la même tonne ne lui coûtait que 91 fr. Il fallait, suivant eux, élever ce dernier prix ou abaisser l'autre au même niveau, pour conserver à la marchandise française un prix de vente rémunérateur et permettant la concurrence avec la marchandise étrangère. Que si l'on supposait encore la marchandise étrangère partant de Bâle ou de Carlsruhe pour être expédiée à Marseille ou au Havre, il fallait que le prix de transport ne fût pas moindre pour cette marchandise que pour celle voyageant au compte du négociant français, depuis Strasbourg ou Mulhouse jusqu'à l'un des deux ports ci-dessus.

Le raisonnement des pétitionnaires, basé sur l'avantage fait au commerce étranger par le moyen des tarifs de transit, n'aurait été fondé que si, pour aller trouver son débouché, la marchandise étrangère n'eût pas eu d'autres ports que les nôtres. Mais l'Allemagne trouvant autant d'avantage à expédier par Hambourg, Trieste, les ports de Hollande et Anvers des produits destinés à rencontrer les nôtres sur le même marché, les industriels de l'Alsace n'avaient rien à gagner à empêcher le transport de ces produits sur nos voies ferrées, tandis que la France y perdrait un commerce de transit important (1).

Comme on l'a fort bien fait remarquer, ce ne sont pas seulement les Compagnies de chemins de fer qui sont intéressées à ce commerce, mais les ouvriers de nos ports, nos banquiers et tous ceux dont les bras et les capitaux sont nécessaires aux producteurs étrangers pour la réexpédition de leurs marchandises.

Et, pour ce qui concerne particulièrement les tarifs d'exportation, il a été observé avec beaucoup de raison que ces tarifs étaient un auxiliaire puissant pour notre industrie nationale dans la concurrence qu'elle est appelée à soutenir sur les marchés étrangers avec les produits des peuples voisins. Ces réponses opposées aux pétitions dans une discussion approfondie de la question, ont eu l'approbation du Sénat qui, sur les conclusions d'un rapport remarquable de M. Malet, a passé à l'ordre du jour.

C'est dans le cours de cette discussion que M. Rouher, se plaçant à un point de vue économique et d'intérêt général, a parfaitement démontré que, sans les tarifs différentiels, les houilles du Nord, les plâtres, les engrais et les céréales ne seraient pas venus aussi puissamment en aide à l'industrie, à l'agriculture et aux besoins de l'alimentation publique.

« Voulez-vous, Messieurs, disait-il, répondant à S. Em. le cardinal » Mathieu, savoir ce que produisent les tarifs différentiels?

» Aujourd'hui la liberté du commerce des céréales existe. Le mou- » vement des importations et des exportations des céréales est par- » faitement libre, et l'alimentation publique est confiée à la vigilance » du commerce, c'est-à-dire à la vigilance non plus d'un seul homme, » mais de tous.

(1) « Le chemin de fer, en abaissant les prix de transport et en les régularisant, a rendu un immense service. Avant son établissement, quels étaient les prix de la navigation? Elle n'a pas craint, dans la crise de 1846 à 1847, de demander jusqu'à 150 francs pour conduire une tonne de blé de Marseille à Lyon. En 1853, ses prix ont varié de 17 à 90 fr. En 1854, on les trouve tantôt de 18 francs, tantôt de 70 fr.; et ces variations, si désavantageuses au commerce en général, et surtout au commerce maritime, où il s'agit d'opérations à longs termes, se sont présentées jusqu'à vingt-quatre fois dans une année. (Extrait du rapport de M. Malet sur les pétitions présentées en 1859 au Sénat par la navigation du Rhône.)

» Eh bien, à une date assez récente, le Ministre homologuait des » tarifs différentiels, qui permettent de transporter pour 30 francs la » tonne, soit 13 hectolitres, les céréales du bassin de la Méditerranée » jusqu'à Dunkerque. De sorte qu'on a pu alimenter à de très-favorables » conditions Paris de céréales en 1861, dans ce moment de grande » disette, bien supérieure incontestablement à ce qu'ont été les disettes » de 1855 et des autres temps, puisqu'il nous a fallu 16 millions » d'hectolitres empruntés à l'étranger pour maintenir l'alimentation » publique en 1861, lorsque le chiffre de 7 à 8 millions d'hectolitres » n'avait pas été dépassé dans les temps les plus désastreux ; et le » public ne s'en est pas aperçu, car le pain n'a pas dépassé 40 cen- » times le kilogramme. Ainsi on a pu, au moyen de ce tarif, *libéral,* » *parce qu'il est différentiel,* transporter des céréales sur Paris en quan- » tité suffisante, maintenir l'abondance lorsqu'on redoutait la disette, » et maintenir les bas prix là où on avait redouté une cherté ex- » cessive. Voilà ce qui est arrivé. » *(Marques très-vives d'approbation.* (Séance du Sénat du 21 avril 1863. — *Moniteur du 22 avril.*) (1)

VI. — Dans le moment même où le Sénat était saisi de la question, le principe de la différenciation était consacré et appliqué de nouveau dans des conventions passées entre M. le Ministre des travaux publics et les Compagnies de l'Est, de l'Ouest, du Midi, d'Orléans et de Lyon, à la date du 11 juin 1863.

En vertu de ces conventions, une quatrième classe de marchandises a été ajoutée pour les matières encombrantes aux trois classes précédemment établies par le cahier des charges. Cette classe comprend les marchandises qui sont les plus utiles à l'industrie et à l'agriculture, à savoir : la houille, la marne, les fumiers et les engrais, les pierres à chaux et à plâtre, etc., etc.

Un prix total de 0 fr. 08 c. est fixé pour le parcours de 1 à 100 kilomètres, *sans que la taxe puisse être supérieure à 5 francs.*

---

(1) Le commerce de transit ne laisse pas moins de sept millions par an sur nos voies ferrées. Il rapporte environ un million par an à la seule Compagnie de l'Est. (M. Rouher, au Sénat. Séance du 22 avril 1863.)

Il est de 0 fr. 05 c. pour le parcours de 101 à 300 kilomètres, sans que la taxe puisse dépasser 12 francs.

Enfin, ce prix est de 0 fr. 04 c. au delà de 300 kilomètres.

On peut remarquer que ces prix constituent un grand avantage pour l'industrie et l'agriculture; car à l'ancien *maximum* uniforme de 0 fr. 10 c. par tonne et par kilomètre pour toutes les distances, se trouvent substitués les divers *maximums* réduits indiqués ci-dessus.

Ce système de tarification est aussi différentiel que possible. Il l'est à deux points de vue:

1° En ce que le tarif légal lui-même, c'est-à-dire le prix de base qui fait la limite *maximum* du prix concédé à la Compagnie, varie suivant les distances divisées en trois zones: au-dessous de 100 kilomètres, de 101 à 300 et au-dessus de 300 kilomètres;

2° En ce que le prix de transport reste invariablement fixé à 5 francs et à 12 francs pour tous les kilomètres à parcourir entre 63 et 100 kilomètres de la première zone, et entre 240 et 300 kilomètres de la seconde.

VII. — En 1863 et 1864, le budget extraordinaire des travaux publics donna lieu à des attaques très-vives contre les tarifs différentiels. M. Pouyer-Quertier, tout en déclarant dans la séance du Corps législatif du 27 mai 1864 (Moniteur du 28): *n'être pas l'ennemi d'une application mesurée des taxes différentielles*, exprime l'opinion que les Compagnies devraient avoir une *formule régulière différentielle applicable à tous les cas* (1).

En fait, l'honorable député venait dénoncer à la Chambre un tarif établi par la Compagnie du Nord, pour le transport des houilles, et généralisant ses reproches, dire que ce tarif ne faisait que *refléter le caractère arbitraire et illégal des tarifs des autres Compagnies.*

Le tarif incriminé ne faisait cependant pas autre chose que d'appliquer le principe du nouveau tarif légal de la 4me classe, expliqué dans le paragraphe précédent, ne portant un prix uniforme de 7 fr. 80 c. pour les expéditions de Dunkerque, comme pour celles de Béthune

(1) Voir aux annexes les explications de M. Pouyer-Quertier.

et de Lens à Paris, encore bien qu'il existe entre le port de Dunkerque et ces dernières villes une distance de 100 kilomètres environ.

Mais M. Pouyer-Quertier a déclaré que cela était *injuste, arbitraire et en dehors du droit de la Compagnie;* que, pour être conformes au bon sens et à la raison, les tarifs devaient faire payer *en raison du service rendu*, qui est évidemment *plus grand* quand le transport est effectué *à de plus grandes distances.*

Procéder autrement, c'est, suivant lui, changer la *situation particulière faite à chaque localité par la nature des lieux*, c'est effacer la *protection* que M. le ministre des travaux publics trouvait pour notre commerce dans la distance à franchir, et les transports lointains et coûteux à effectuer par la *marchandise étrangère* ainsi que dans le droit de douane imposé à cette marchandise.

Puis l'honorable député ajoutait, pour mieux justifier son système de tarification, au moyen d'une *formule régulière différentielle applicable à tous les cas :* « Dans toute opération commerciale, il y a *un prix » de revient.* Si l'industrie est prospère et qu'elle puisse vendre au- » dessous de ce prix certains produits, c'est qu'elle compense » sur d'autres produits la perte qu'elle fait sur le premier. Il en » résulte donc ou que vous faites un bénéfice considérable en trans- » portant pour 7 fr. 80 c. à 200 kilomètres les houilles de Béthune, » ou que vous perdez beaucoup d'argent si vous transportez à 320 » kilomètres les houilles venant de Calais ; car il y a 36 0/0 de par- » cours de plus.

» Or, cette perte, qui la paie, qui la supporte? C'est le pays. Car, » si la Compagnie fait une perte, évidemment il faut qu'elle soit » compensée, par qui? Par un produit du pays, puisqu'elle fait cette » perte sur un produit étranger et que néanmoins elle donne un divi- » dende. Ses bénéfices ont donc compensé la perte qu'elle a faite sur » le produit étranger, et ils suffisent encore pour donner un divi- » dende aux actionnaires. Ceci est la condamnation du tarif de la » Compagnie du Nord ».

VIII. — En 1865, séance du 27 juin (*Moniteur du* 28), M. Pouyer-Quertier répétait les mêmes plaintes appuyées sur le même fait, c'est-à-dire sur le transport de la houille payant le même prix de Lens à Paris et de Calais à Paris pour 210 comme pour 325 kilomètres, et payant plus pour Beauvais que pour Paris, quoique Beauvais soit plus près, mais parce qu'il est sur un embranchement au lieu d'être sur la ligne principale.

En 1866, mêmes reproches reproduits par le même orateur (séance du Corps législatif du 30 juin (*Moniteur* du 1er juillet).

Ces reproches, dirigés contre les *tarifs différentiels* des Compagnies de chemins de fer, sont au nombre de trois qui peuvent se résumer ainsi :

Les tarifs différentiels sont arbitraires,
Ils sont illégaux,
Ils sont injustes.

Et les moyens proposés pour remédier à ce triple défaut sont également au nombre de trois, savoir :

1° La tarification suivant une *formule régulière applicable à tous les cas*, en proportion des distances ;

2° *Le prix de revient pour limite* des abaissements de tarif ;

3° La tarification soustraite à *l'arbitraire* des Compagnies et confiée à *l'arbitrage* de l'Administration publique.

Nous discuterons successivement ces trois reproches et les trois remèdes proposés, en commençant par le dernier.

IX. — Et d'abord, ce reproche d'arbitraire n'a pas un sens bien précis.

Il n'y a pas de tarif qui ne soit *arbitraire*, en ce sens que tous les prix en sont *arbitrairement* fixés par une Compagnie, un fonctionnaire ou un simple particulier.

Mais pour qu'un tarif, quel qu'il soit, puisse être considéré comme arbitraire dans le mauvais sens de ce mot, il faut commencer par établir que la loi a confié la fixation de ce tarif à un pouvoir ou à une personne autres que le pouvoir ou la personne qui l'a établi.

Ainsi, sous la constitution de 1830, les tarifs *maximum* des chemins de fer devaient être fixés d'accord par les trois pouvoirs.

D'où il suit qu'un tarif maximum qui, sous cette législation, aurait été fixé par ordonnance royale, aurait encouru un reproche fondé d'arbitraire, un pareil tarif ne pouvant être fixé que par une loi.

Sous l'Empire, ces mêmes tarifs *maximum* étaient fixés par décret et personne n'avait le droit de les taxer *d'arbitraires*, parce que la constitution en avait confié la fixation au libre arbitre du pouvoir impérial.

X. — De même, et depuis qu'il y a des chemins de fer, les tarifs *d'application* sont fixés par les Compagnies concessionnaires. — Ils sont par elles abaissés ou relevés, quand et comme *elles le jugent convenable*, et personne n'a le droit de les taxer d'arbitraires, parce que la loi du contrat en a remis la fixation au libre arbitre des concessionnaires, à charge seulement d'observer les trois conditions de maximum, d'affiche et de maintien pendant trois mois ou un an.

On lit, en effet, dans tous les cahiers des charges et dans tous les statuts des Compagnies approuvés par ordonnance ou par décret, les dispositions suivantes : 1° Extrait du cahier des charges de la Compagnie d'Orléans (décret et loi du 19 juin 1857, article 48) :
« Dans les cas où la Compagnie *jugerait convenable*, soit pour le
» parcours *total*, soit pour les parcours *partiels* de la voie de fer,
» d'abaisser, *avec ou sans conditions*, *au-dessous* des limites détermi-
» nées par le tarif, les taxes qu'elle est *autorisée à percevoir*, les taxes
» abaissées ne pourront être relevées qu'après un délai de trois mois
» au moins pour les voyageurs et d'un an pour les marchandises.

» Toute modification de tarif proposée par la Compagnie sera
» annoncée un mois d'avance par des affiches.

» La perception des tarifs modifiés ne pourra avoir lieu qu'avec
» l'homologation de l'Administration supérieure, conformément
» aux dispositions de l'ordonnance du 15 novembre 1846. »

2° Extrait des statuts de la Compagnie d'Orléans (ordonnance du 13 août 1838 et décret du 27 septembre 1852, article 22) :

« Le Conseil d'administration est investi des pouvoirs les plus » étendus pour l'administration de la Société.

» .... Il fixe ou modifie les tarifs du chemin de fer et des » établissements qui en dépendent dans les limites déterminées » par le cahier des charges de la concession. »

XI. — Maintenant, si le droit pour les Compagnies d'abaisser et de relever les tarifs, le droit de les différencier par conséquent, a été formellement délégué, et qui plus est *concédé à titre onéreux* à toutes les Compagnies concessionnaires de chemin de fer, si ce droit est admis *dans une certaine mesure* par ceux-là mêmes qui en combattent le principe, à quel point de vue peut-il donc leur être contesté?

Si le Gouvernement, qui représente tous les intérêts, leur a reconnu, leur a concédé ce droit d'abaisser et de relever les tarifs d'application comme elles le jugent convenable dans la limite du *maximum* par lui fixé, pourquoi l'intérêt du producteur de houille de Béthune, plutôt que celui du producteur de houille de Dunkerque, devrait-il être pris pour base de tarification?

Pourquoi la Compagnie légalement chargée de défendre les intérêts du public actionnaire contre les intérêts opposés du public producteur et consommateur, devrait-elle sacrifier au seul intérêt du producteur de Béthune celui du producteur de Dunkerque, celui du consommateur de Paris, voire même l'intérêt de ses actionnaires et de ses obligataires ?

Pourquoi, enfin, quand elle peut et veut bien offrir aux deux producteurs de Béthune et de Dunkerque une réduction de prix sur son tarif *maximum* légal, serait-elle forcée, par l'un des deux, de refuser à l'autre la réduction sans laquelle sa marchandise serait perdue pour le chemin de fer et le chemin de fer pour la marchandise ?

S'il fallait rétablir l'égalité kilométrique entre les deux tarifs, l'intérêt de la Compagnie lui conseillerait évidemment de relever le tarif de Dunkerque plutôt que d'abaisser celui de Béthune. Dans ce cas, le producteur de houille de Béthune n'obtiendrait évidemment pas ce qu'il veut avant tout et surtout; car ce qu'il veut, c'est un abaissement pour ses produits bien plutôt qu'un relèvement pour les produits similaires de son concurrent, « *son bien premièrement, et puis le mal d'autrui.* »

XII. — Plaçons-nous d'ailleurs à un point de vue plus élevé. Si le tarif des houilles est le seul qui intéresse le producteur de houille de Béthune, il faut bien reconnaître que ce tarif n'est pas le seul qui intéresse la généralité des habitants de cette localité. Il y a à Béthune cent autres tarifs différentiels dont tout le monde profite et dont personne ne se plaint, pas même le producteur de houille, parce qu'ils sont différentiellement réduits suivant les besoins de tous les habitants de Béthune pris en masse.

Faudrait-il donc, pour soumettre à la proportionnalité kilométrique le tarif des houilles dans l'intérêt d'un ou même de cent habitants si l'on veut, faudrait-il que tous les autres habitants de Béthune, producteurs et consommateurs de mille autres marchandises, renonçassent au bénéfice de tous les autres tarifs différentiellement réduits à leur avantage et dans la mesure de leurs besoins? Faudrait-il que la Compagnie renonçât en même temps à tout abaissement différentiel, non-seulement à Dunkerque, mais à Béthune et par suite dans toutes ses gares, c'est-à-dire pour tous les parcours totaux ou partiels effectués par elle et à ses frais, risques et périls sur son chemin ?

Non, les adversaires des tarifs différentiels ne se sont pas demandé, à un point de vue sérieux et pratique, ce que deviendraient le commerce, l'industrie et l'agriculture, si tous les prix des chemins de fer étaient *solidaires les uns des autres* pour chaque réseau de 2,000 ou 3,000 kilomètres comprenant le quart ou le cinquième de la France; depuis les marchés les plus reculés dans le centre du pays, jusqu'aux ports de mer les mieux situés pour l'exportation et l'importation; depuis les montagnes les plus infertiles et les plus inaccessibles; jusqu'aux vallées les plus heureusement dotées par la nature et aux contrées pour lesquelles l'État a créé une navigation artificielle en imposant d'immenses sacrifices au Trésor.

Cette considération suffit pour justifier le principe de la libre différentiation des tarifs par nature et par localité ; elle suffit pour expliquer comment il ne s'élève chaque année, dans le sein des assemblées des représentants du pays, que quelques voix isolées contre ce régime sous lequel, en définitive, tout le monde vit sans s'en douter depuis qu'il existe des chemins de fer.

Arrivons au fond du système de M. Pouyer-Quertier.

Les tarifs différentiels sont injustes, dit-il, parce que ce que l'on perd sur l'un on le regagne sur l'autre.

Le proverbe « *n'est pas marchand, qui toujours gagne,* » si vrai quand il s'agit de transports par terre et par eau, serait-il donc faux quand il s'agit de transports par chemins de fer ?

Quelle est l'affaire commerciale, industrielle ou même agricole, dans laquelle on pourrait engager des capitaux sans la loi de compensation qui permet de gagner plus sur une opération que sur une autre, qui apprend à perdre sur l'une quand il le faut, pour gagner sur une autre quand on le peut, soit pour augmenter et étendre sa clientèle, soit pour la défendre contre les attaques de la concurrence, soit pour se créer une nouvelle branche de trafic, dans l'espoir très-légitime de faire fructifier les capitaux des actionnaires ?

XIII. — Un *minimum* imposé à la différenciation, c'est-à-dire une limite à l'abaissement des tarifs, voilà donc ce qui manquerait encore dans les cahiers des charges, tant et tant de fois discutés, révisés, modifiés, depuis qu'on a fait le premier.

Mais puisque le législateur a pris la peine de fixer les tarifs *maximum* par classe et par nature de marchandises, il aurait donc fallu qu'il fixât également les tarifs *minimum* par classe et par nature, suivant le prix de revient.

Or, le prix de revient d'un travail quelconque n'est pas le même tous les ans, tous les mois, tous les jours, — et s'il est possible de le trouver après coup, il n'est pas facile de le déterminer à l'avance, et pour une période de 99 ans.

Il est subordonné à toutes les circonstances de temps et de lieu, qui constituent dans le mouvement perpétuel de toutes les valeurs, ce qu'on appelle *le cours*, c'est-à-dire la force majeure la plus irrésistible et la plus insaisissable que l'on puisse imaginer, celle qui régit et domine le monde commercial, comme le cours des idées domine le monde politique et social.

D'ailleurs, si le législateur avait dû fixer des *minimum* comme il a fixé des *maximum*, il n'aurait pu les fixer que pour les trois ou quatre grandes classes qu'il a faites, c'est-à-dire que le même *minimum* aurait dû servir pour les bois de teinture et pour les tissus, pour les cotons et pour le coke, etc., etc.

La plus simple réflexion conduit donc à reconnaître que le législateur avait de très-bonnes raisons pour ne pas imposer aux chemins de fer des tarifs *minimum* comme des tarifs *maximum*, pour ne pas adopter surtout comme base de ces tarifs *minimum*, ce qu'on appelle le prix de revient.

XIV. — Reste donc à examiner le troisième et dernier moyen proposé, plus sérieux, celui-là, que les deux autres, parce qu'il est possible pratiquement, et parce que tout ce qui est intéressé aux abaissements progressifs et indéfinis des tarifs devrait gagner tout ce que les Compagnies et l'État devraient y perdre.

On ne demandera pas ici la définition légale de ces deux mots : *arbitraire et arbitrage*, dans leur application à l'État ou aux Compagnies. Tout le monde sait qu'il n'en existe pas qui se prêtent plus facilement à l'équivoque : *maudite* ou *maudit*, suivant l'expression du poète.

Lorsqu'en 1838, Arago était rapporteur de la grande Commission des chemins de fer, l'arbitraire que l'on redoutait, c'était celui de l'État; l'arbitrage que l'on considérait comme devant être le plus impartial et le plus juste, c'était celui des Compagnies concessionnaires à tarifs rémunérateurs et libres dans la limite d'un *maximum* légal.

Depuis lors, le sens des mots n'a pas changé ; ce qui a changé ce sont les choses, et avec elles les opinions des hommes.

Revenons au point de départ de 1838, c'est-à-dire à la question de système, l'exploitation par les Compagnies ou l'exploitation par l'État.

Il n'est pas besoin de longs raisonnements pour prouver que la tarification par l'État veut dire l'exploitation par l'État, comme aujourd'hui l'exploitation par les Compagnies veut dire la tarification par les Compagnies. Ici, en effet, comme partout, les charges ne peuvent pas se séparer des profits, et la question de recettes de la question de dépenses. On ne se contentera pas non plus de répondre, comme en 1848, que la propriété est inviolable et sacrée, que la propriété concédée, constituée par l'État doit être plus inviolable et plus sacrée, s'il est possible, que toutes les autres; que l'Etat, d'ailleurs, a stipulé un droit de rachat avec un prix basé sur les produits résultant de la tarification par les Compagnies. On ira droit au fond des choses et on n'hésitera pas à soutenir qu'au point de vue des intérêts généraux et particuliers du commerce, la mission si délicate de fixer le chiffre des abaissements différentiels pour chaque station de chaque chemin, ne peut être remplie par personne avec plus de modération et avec moins de partialité que par une Compagnie financière exploitant ce chemin à ses *frais*, *risques* et *périls*.

L'intérêt de la Compagnie, qui est d'ailleurs plus à même de connaître les besoins des localités qu'elle traverse et des industriels avec lesquels elle est tous les jours en rapport, que l'État, dont les agents ne peuvent être partout pour se rendre compte et apprécier la situation réelle de chaque pays; l'intérêt de la Compagnie, disons-nous, est de procéder avec poids et mesure, sans rien exagérer, afin de satisfaire autant que possible toute la clientèle qui s'adresse à elle. Si le chemin de fer se montrait mieux disposé pour telle localité ou tel industriel que pour tels autres, s'il ne cherchait pas à tenir la balance égale entre tous, il serait le premier à ressentir les conséquences fâcheuses de sa partialité, qui lui ferait plus de tort que de profit.

Il résulte de ce qui précède que les tarifs différentiels ne sont ni arbitraires, ni illégaux, ni injustes.

XV. — Et maintenant, si nous examinons les décisions judiciaires auxquelles ils ont donné lieu, là encore nous les trouvons vengés et justifiés.

Ce n'est, toutefois, qu'après des luttes vives et prolongées que la vérité s'est fait jour et a été enfin proclamée par les tribunaux.

Les objections faites devant la justice aux tarifs différentiels ont été presque toujours les mêmes.

On a répété surtout qu'ils blessaient le principe d'égalité, qui est une des conditions essentielles des lois de concession des chemins de fer.

A cela il était facile de répondre par une distinction puisée dans la nature des choses et dictée par le bon sens.

Cette distinction est la suivante : il y a deux sortes d'égalité, l'une *absolue* et radicale, qui, sans tenir compte des conditions de tonnage, de la distance à parcourir et des points de départ et de destination de la marchandise, veut qu'on traite sur le même pied et sans distinction tous ceux qui s'adressent au chemin de fer. C'est ce que M. Daru appelait un système de *tarification aveugle*.

L'autre égalité *relative*, qui tient compte de la nature et de la différence des situations particulières pour régler les prix des transports, est au contraire le fruit d'une *tarification intelligente* et véritablement inspirée par les nécessités du commerce.

C'est cette égalité, la seule praticable, dont un administrateur disait, lors de l'enquête de 1850 : « Ce qu'il importe uniquement de maintenir et de fortifier, c'est le *principe d'égalité relative ;* car, en matière commerciale, *le principe d'égalité absolue est une absurdité* (1). »

C'est à l'appui du même principe que le Directeur général de l'Administration des Douanes, M. Gréterin, entendu dans la même enquête, ajoutait « *qu'il est des inégalités naturelles qu'on doit respecter* (2). »

Enfin, et dans les mêmes circonstances, le directeur de la Compagnie d'Orléans, questionné par M. Vivien sur les causes de réduction des tarifs, lui répondait : « La loi qui domine toutes ces » réductions, c'est que ceux qui se présentent dans les mêmes » conditions reçoivent les mêmes avantages. »

C'est en effet à cette règle de bon sens et de justice qu'il faut s'attacher pour juger sainement les difficultés qui se sont élevées en

(1) M. Simons, *Enquête sur l'application des tarifs* (p. 83).
(2) Enquête (p. 199.)

cette matière : aussi *l'égalité aux mêmes conditions*, c'est-à-dire l'égalité relative, a-t-elle été en définitive consacrée par les arrêts de la Cour suprême comme étant la plus conforme aux principes du droit et de l'équité.

Cette Cour a décidé en thèse générale que l'application d'un tarif spécial homologué portant réduction du tarif général ne pouvait être revendiquée que par ceux qui se trouveraient dans les conditions expressément prévues par le tarif spécial.

Dans le cas où ce tarif supposait un lieu d'expédition et un lieu de destination déterminées, la Cour de cassation a voulu que, pour être admis au bénéfice des réductions de prix, les transports suivissent l'itinéraire expressément indiqué. C'est dans ce sens qu'ont été rendus les arrêts Guérindon, Bayvet et Leclerc-Fleureau (1).

La solution donnée par la Cour suprême a été la même quand, au lieu de résulter d'un tarif homologué, les réductions de prix étaient la conséquence des traités particuliers. Aux tiers qui revendiquaient pour eux l'application de ces traités, sans se soumettre aux conditions prévues, il a été répondu que les cahiers des charges n'interdisaient pas les « arrangements particuliers comme contraires au *principe de l'égalité dans la perception des* taxes, *qui demeure sans atteinte, pourvu que tous les expéditeurs puissent obtenir les mêmes avantages aux mêmes conditions.* » (Cass., 22 février 1858. Contet-Muiron contre Compagnie du Nord) (page 19 du Recueil).

L'arrêt Bayvet complète cette doctrine en déclarant qu'il n'appartient qu'à l'autorité administrative, appelée à apprécier les traités particuliers, de faire participer les tiers à leurs avantages, « *en les dispensant de remplir les conditions dans lesquelles la Compagnie a cherché la compensation de ses sacrifices.* »

D'après ce même arrêt, « l'égalité absolue des prix de transport

---

(1) — Guérindon, contre Compagnie d'Orléans, Ch. civ., Cass., 19 janvier 1858 (page 37 du *Recueil*). — Bayvet contre Compagnie de Lyon, Ch. civ., Cass., 12 avril 1859, (page 41). — Leclerc-Fleureau contre Compagnie d'Orléans, Cass., 8 juin 1859 (page 56). — De ces trois arrêts, c'est peut-être l'arrêt Bayvet qui a posé le plus nettement les principes.

par kilomètre et par tonne ne s'applique d'une manière nécessaire qu'au *maximum* fixé, d'après ces bases, par le tarif légal. »

La Cour de Paris avait déclaré communes à des tiers qui n'avaient d'expéditions à faire que de Paris à Lyon, des réductions de prix accordées pour des transports de Nantes à Lyon, en vertu d'un traité combiné entre les deux Compagnies d'Orléans et de Lyon.

Cet arrêt a été cassé par la Cour suprême qui, toujours, a maintenu le principe d'égalité relative dans ses applications diverses.

Elle l'a maintenu vis-à-vis de ceux qui prétendaient obtenir des abaissements de prix, sans s'astreindre à fournir le *minimum* de tonnage prévu par les traités (arrêt Contet-Muiron du 22 février 1858) ; elle l'a maintenu encore à l'égard des tiers qui, sans se soumettre à aucune condition, auraient voulu profiter de réductions de prix consenties à certains individus, moyennant la remise de la totalité de leurs transports (1).

Enfin la Cour de Paris, se conformant à la doctrine de la Cour régulatrice, a décidé dans le même ordre d'idées, que des réductions consenties, moyennant décharge de toute garantie d'avaries ou de retard, ne pouvaient bénéficier qu'à ceux qui acceptaient cette clause particulière (2).

En ce qui touche la condition du minimum de tonnage, on a prétendu que l'obligation de fournir ce minimum pour obtenir les réductions, constituait une manœuvre illicite, en conférant une sorte de privilége aux entrepreneurs les plus puissants, au préjudice des plus faibles ; mais la Cour de cassation a trouvé, nous l'avons vu, un correctif suffisant à cette inégalité apparente, dans l'intervention de l'autorité administrative, appelée à apprécier, sous ce rapport, les exigences de l'intérêt général combiné avec les intérêts privés :

« C'est en effet à cette autorité qu'il appartient d'apprécier, dans ses éléments complexes, l'intérêt général du pays (3). »

(1) Arrêt de la Cour de cassation du 28 décembre 1857.
Affaire Vasse contre Compagnie de l'Ouest (page 28).

(2) Arrêt de la Cour de cassation du 6 août 1861.
Affaire Nizerolles contre Compagnie de Lyon (page 103 du *Recueil*).

(3) Arrêt de Paris du 22 avril 1857.
Affaire Bayvet.

Est-ce à dire que quand le principe d'égalité, proclamé par les lois de concession, s'est trouvé violé ouvertement par des conventions particulières, les tribunaux de l'ordre judiciaire ne se soient pas appliqués à le faire respecter.

Nullement. En pareil cas, la Cour de cassation, comme les Cours d'appel, n'ont pas hésité à déclarer illicite un traité qui avait pour effet, au moyen de réductions nouvelles et successives consenties à un expéditeur, au fur et à mesure des abaissements de prix ordonnés par l'Administration, d'établir à son profit un privilége *permanent* et *exclusivement personnel* (1).

Tel est l'esprit des arrêts rendus sous l'empire des anciens cahiers des charges qui autorisaient les traités particuliers; tel est celui de la jurisprudence applicable encore aujourd'hui.

XVI. — Pour compléter cette revue des objections et des réponses relatives au principe de la différenciation des tarifs et aux applications de ce principe par les Compagnies concessionnaires, nous ne pouvons mieux faire que de donner ici comme annexes quelques extraits textuels des discours prononcés à cette occasion dans le sein du Corps législatif pendant les sessions de 1864 et de 1866, notamment des explications si précises fournies par M. de Franqueville, Directeur général des chemins de fer, en sa qualité de Commissaire du Gouvernement.

On y trouvera d'un côté la confirmation la plus formelle du principe posé dans les premiers cahiers des charges et maintenus dans toutes les conventions modificatives qui ont suivi, à savoir : le droit pour les Compagnies concessionnaires de différencier les tarifs dans la limite du *maximum* en se conformant aux formalités réglementaires.

On y verra d'autre part les orateurs qui ont attaqué ce principe avec le plus de vivacité et de persistance, finissant par dénoncer à la Chambre des jugements ou des procès prouvant une seule chose,

---

(1) Arrêt de Paris du 20 mars 1858.
Affaire Dopfel contre Compagnie de l'Ouest (page 84 du *Recueil*).

savoir : que les lois et les conventions, même les plus simples et les plus claires, ne sont pas toujours interprétées de la même manière ; que les changements de législation, quand ils se renouvellent tous les deux ou trois ans, comme il est arrivé pour les traités particuliers et pour les tarifs d'abonnement, laissent à résoudre longtemps encore après eux les questions litigieuses les plus délicates ; qu'enfin les faits isolés qui peuvent être déférés aux tribunaux comme des infractions aux règlements en vigueur ne suffisent pas pour demander au pouvoir exécutif ou législatif de nouveaux changements dans les règlements.

Nous avons cru devoir comprendre dans le recueil qui fait suite à cette notice, certaines décisions judiciaires qui rentrent dans cette dernière catégorie. Nous ne les y avons comprises que pour ordre, et comme des exceptions qui confirment la règle, bien loin de l'infirmer comme on aurait voulu le faire croire. C'est ce que M. de Franqueville, parlant au nom du Gouvernement, a parfaitement expliqué quand, à propos de ce qu'on appelait les tarifs secrets et les détaxes occultes, il a rapproché d'une part les décisions ministérielles des 26 septembre 1857 et 25 janvier 1860, interdisant pour l'avenir l'exécution des traités particuliers et des traités d'abonnement; d'autre part, les décisions judiciaires maintenant l'effet des traités existants pour tout le temps qui leur restait à courir.

L'Administration, en effet, qui n'avait jamais usé de son droit pour généraliser un seul traité particulier, et qui, plutôt que d'exercer ce droit, avait déclaré les supprimer tous, l'Administration, disons-nous, est arrivée avec ses deux décisions ministérielles de 1857 et de 1860, à un résultat qu'elle était sans doute loin de prévoir : c'est que les tribunaux faisant ce que, suivant eux, l'Administration aurait dû faire, ont fini non-seulement par maintenir, mais même par généraliser tous les traités particuliers que la volonté d'un seul contractant avait maintenus ; mais cette généralisation s'est faite sans qu'elle ait été précédée des formalités protectrices que la loi avait imposées à l'Administration compétente, sans publicité préalable et sans contradiction possible, par conséquent. Elle s'est faite, au contraire, avec tous les inconvénients de la rétroactivité. Elle s'est faite enfin dans les conditions les plus anormales, puisqu'il en résulte que deux tarifs généraux différents ont eu force de loi pendant six ou huit ans, les uns homologués préalablement par l'Administration pour remplacer les traités particuliers, les autres consacrés rétroactivement par la justice pour maintenir et généraliser les mêmes traités particuliers.

XVII. — Encore un mot pour montrer tout ce qu'il y a de confus et de contradictoire dans les idées de ceux qui, depuis 1850, ont adopté cette thèse de l'égalité des tarifs, pour discréditer les Compagnies concessionnaires dans l'opinion publique, en leur faisant un crime et des bas tarifs ruineux pour les transporteurs concurrents, et des hauts tarifs ruineux pour le producteur comme pour le consommateur.

Abandonnant le système de l'égalité des taxes kilométriques appliqué jusque-là au transport des voyageurs, le Gouvernement belge, qui exploite lui-même ses chemins de fer, a adopté un système nouveau, qu'il a appelé le *principe de la diminution progressive* des bases de la taxe, en raison de l'étendue du parcours, et procédant par zones de 50 kilomètres, il a réduit son tarif pour les trois classes de voitures, de 8, 6 et 4c à 6, 4 et 3c pour les 50 premiers kilomètres, à 3, 2 et 1c 1/2 de 50 à 100 kilomètres, à 2c 1/2 et 1c au-delà de 100 kilomètres (1).

Voilà assurément la question des tarifs différentiels et des tarifs égalitaires bien nettement posée et bien nettement résolue, non par

---

(1) Voici un extrait de l'arrêté du Ministre des Travaux publics de Belgique du 20 mars 1866: « Considérant que *l'égalité* des taxes kilométriques actuelles constitue, en fait, pour les voyageurs, comme elle constituait pour les marchandises, une surtaxe pour les parcours étendus, et qu'il convient, par conséquent, de dégrever surtout ces parcours par une nouvelle application du principe de la diminution progressive des bases de la taxe... »

La réforme des tarifs belges de 1866 n'a pas produit des résultats heureux, ainsi qu'on peut s'en convaincre par la lecture d'un document publié en 1869 (Exposé des résultats de la réforme introduite le 1er mai 1866, Bruxelles 1869), qui présente un véritable intérêt au point de vue de la question des tarifs réduits pour le transport des voyageurs.

Au moment où nous publions cette notice, nous avons connaissance d'un arrêté du Ministre des Travaux publics de Belgique, en date du 18 septembre 1871, qui rétablit pour les voyageurs un *tarif à bases proportionnelles aux distances*. A. P.

une Compagnie concessionnaire, mais par un État exploitant ; — non pas au début d'une exploitation, mais après une expérience de vingt ans ; — non pas au moyen de traités secrets ou de détails occultes, mais par des actes officiels et spontanés motivés probablement par quelques intérêts gouvernementaux ou ministériels, supérieurs à l'intérêt du Trésor, évidemment sacrifié dans ce cas.

En appréciant cette révolution financière, économique, politique même, on peut bien le dire, faite aux portes de la France par un petit État, trop faible pour résister à la pression intérieure ou assez riche pour en supporter les conséquences, le Ministre français s'est empressé de communiquer le nouveau tarif belge aux Compagnies concessionnaires, en les invitant à examiner si le moment ne serait pas venu d'entrer, pour les voyageurs, dans la voie des réductions de prix, comme elles l'avaient fait depuis dix ans pour les marchandises.

Les Compagnies françaises ont répondu par des chiffres. — Pour 250 kilom. de Paris à Lille, le tarif belge équivaudrait au tarif militaire français, c'est-à-dire à une réduction des trois quarts sur le tarif concédé et appliqué à ce jour. Pour 863 kilom. de Paris à Marseille, la réduction serait plus forte encore et dépasserait les quatre cinquièmes.

D'où il était facile de conclure : 1° que la fortune des actionnaires serait mise en péril ; 2° que l'intérêt de l'État garant d'un minimum d'intérêt serait gravement lésé ; 3° que tout se réunissait pour faire écarter des modifications que ne justifie aucun intérêt public sérieux.

Qu'ont fait de leur côté les défenseurs du grand principe des tarifs kilométriques égalitaires ?

Ont-ils protesté contre le renversement de ce principe par un Gouvernement exploitant ?

Bien loin de là ! ils ont, dans la personne de M. Haentjens, mis le nouveau tarif belge à l'ordre du jour du Corps législatif, sous la forme d'un amendement au budget qui a été rejeté sur les observations de M. Forcade de la Roquette, alors Ministre des Travaux publics. (Séance du 22 juillet 1867, *Moniteur Universel* du 23 juillet.)

M. Auguste Chevalier émit un vœu pour l'abaissement des tarifs applicables au transport de la houille et du coke.

M. Ed. Dalloz déclara qu'à ses yeux, le tarif différentiel, à prix décroissants en raison de la distance, était juste et logique, puisque, grâce à ce tarif, on obtenait pour les matières encombrantes transportées sur un seul réseau un prix moyen de 0 fr. 3 c. par kilomètre; mais il prétendit que la marchandise ayant à emprunter les lignes de plusieurs Compagnies différentes, ne trouvait plus l'avantage du tarif différentiel. Il demandait en conséquence que le Gouvernement fît étudier la question de savoir s'il ne serait pas possible d'obtenir que, lorsqu'un commerçant est obligé de faire appel à trois ou quatre Compagnies, il ne payât pas un prix supérieur à celui qu'il aurait payé s'il n'avait eu à s'adresser qu'à une seule Compagnie (1).

XVIII. — En 1868, *M. de Janzé* crut devoir, à l'occasion des concessions nouvelles projetées, se plaindre devant le Corps législatif de la puissance omnipotente des six grandes Compagnies de chemins de fer, ces grands *commandements industriels*, comme on les a appelées, et il demanda que pour les nouvelles lignes, on rétablît des *tarifs basés uniquement sur les frais d'entretien et d'exploitation*.

M. Gaudin, Commissaire du Gouvernement, répondit qu'on ne pouvait abaisser les taxes qu'après avoir expérimenté les lignes nouvelles, dont le rendement devait tout d'abord être connu avant de tenter des essais qui pourraient être imprudents. (Séance du Corps législatif du 3 juin 1868. *Moniteur universel* du 4 juin.)

Dans la séance du 5 juin de la même année, *M. Pagézy* présenta un amendement tendant à ce que les prix perçus librement par les Compagnies au-dessous du *maximum* des tarifs, pour les marchandises, comme le blé et les plâtres, devinssent les tarifs forcés et légaux.

M. *Garnier-Pagès* souleva dans cette même séance la question des tarifs différentiels au point de vue de l'abaissement des prix pour le

(1) L'application des *tarifs communs* entre les grandes Compagnies qui contiennent des prix faits et réduits, abstraction faite de la distance kilométrique, répond, il semble, au désir exprimé par M. Dalloz. A. P.

transport des voyageurs. Il voulait qu'on se livrât pour ces tarifs à *une étude approfondie, sérieuse, qui aboutît enfin à une solution.*

Enfin, M. *Pouyer-Quertier* (même séance du 5 juin, *Moniteur* du 6), parlant, selon le langage emprunté à M. le Directeur général des ponts et chaussées, du système des *cascades de prix*, qui n'était autre chose que la différenciation des tarifs, reconnaissait que ce système serait à *peu près équitable*, si on l'appliquait régulièrement (1).

XIX. — En 1869, la question des tarifs est revenue sous une autre forme devant le Corps législatif. M. *Haentjens* et le général *Lebreton* ont demandé l'application des *billets d'aller et retour*, surtout en faveur des communes rurales. M. *Javal* a, de son côté, sollicité la révision et l'abaissement des tarifs applicables aux voyageurs. (Séances du Corps législatif des 22 et 24 avril 1869.)

XX. — L'année 1870 n'a malheureusement été féconde pour notre pays qu'en malheurs et en infortunes de toutes sortes ; les questions économiques, et en particulier celles relatives aux chemins de fer, ont fort peu occupé les esprits pendant ces temps d'épreuves. Nous n'avons à constater que l'insuffisance des moyens de transport sur toutes les lignes, les grandes Compagnies ayant eu leurs services absorbés par les besoins nombreux et urgents que la guerre a fait naître.

XXI. — La fin de l'année 1871 se présentant sous de meilleurs auspices, les nécessités pressantes du commerce ont fait revivre les questions qui se rattachent aux transports par chemins de fer.

---

(1) Voici à cet égard les observations de M. Pouyer-Quertier qui méritent d'être rapportées ici : « Il est évident que des tarifs uniformes appliqués à des distances kilométriques ne sont jamais justes; car une Compagnie qui a à faire parcourir à des marchandises de très-grandes distances, peut les transporter plus avantageusement, à meilleur marché, que sur de courtes distances. Il y a donc là un élément dont il est indispensable de tenir compte; eh bien! il est facile d'en tenir compte et d'une manière rationnelle et régulière, contre laquelle vous n'auriez rien à dire, et les Compagnies n'auraient rien à objecter; c'est tout simplement de faire des tarifs décroissant géométriquement jusqu'à l'extrémité de la ligne; avec cette progression géométrique décroissante, il n'y aurait pas une seule localité qui pût réclamer, et chacune serait d'autant plus doucement traitée qu'elle serait plus éloignée, tandis que, par contre, chacune paierait d'autant plus cher qu'elle serait plus rapprochée du point de départ, ce qui est mathématiquement et commercialement juste. (*Moniteur universel du 6 juin 1868 page 785.*)

L'Assemblée nationale, soucieuse des intérêts du commerce et de l'industrie, a accueillie les doléances présentées au Gouvernement au sujet de l'insuffisance du matériel et des mesures d'exception prises par l'Administration supérieure ; c'est-à-dire des arrêtés de M. le Ministre des Travaux publics des 11 avril et 10 octobre 1871.

M. Leroyer a développé son interpellation sur l'application faite de ces arrêtés par les Compagnies de chemins de fer dans la séance du 14 décembre 1871. L'honorable député, tout en demandant le retour au droit commun et l'observation par les Compagnies des délais et conditions de transport ordinaires, a parlé des tarifs *différentiels*, spéciaux, communs, de transit et internationaux (dont le nombre ne serait pas, selon lui, inférieur à onze ou douze cents), comme d'un dédale inextricable. Il a provoqué les rires de l'Assemblée en disant à ce propos : « Il faut être nourri dans le sérail pour en connaître les détours. » Le mot peut être spirituel, mais il est sans portée sérieuse et n'entraîne pas la condamnation des tarifs existants, dont M. Leroyer paraît au surplus avoir reconnu lui-même l'opportunité pour le commerce. Il est certain, en effet, que les tarifs répondent, par leur nombre et leur diversité, aux besoins multiples et variés du public.

M. le baron de Larcy, Ministre des Travaux publics, a répondu à l'interpellation avec tact et mesure, en assurant que les mesures exceptionnelles dues aux circonstances de la guerre auraient leur terme au 1er janvier 1872.

Des propositions de MM. Wilson et Claude (des Vosges), relatives aux transports par les chemins de fer, ont donné lieu à un rapport présenté dans la séance du 15 décembre par M. de Clercq, qui conclut à ce qu'une Commission de trente membres soit nommée par l'Assemblée et reçoive pour mission « de procéder à une *enquête approfondie sur le régime général des chemins de fer* » (1).

---

(1) La commission chargée : 1° de proposer d'urgence la mesure à prendre pour diminuer les souffrances causées par la crise actuelle ; 2° de procéder à une enquête sur le régime général des chemins de fer, est composée de MM. Raudot, *président* ; Ferray, *vice-président* ; Wilson, de Clercq, *secrétaires* ; Arago, Joubert, Dietz-Monnin, Mathieu-Bodet, Le Royer, Larrieu, Houssard, Gallicher, baron de Jouvenel, Arthur Legrand, Caillaux, Guinot, Bonnet, Krantz, Deseilligny, Monnet, Martenot, Oscar de Lafayette, Ganivet, Courbet-Poulard, Mongoltier, Ricot, Palotte, Cordier, Reverchon, Cézanne.

Après avoir entendu les observations présentées dans cette même séance par MM. Lambert de Sainte-Croix, Cézanne, de Jouvenel, Benoist-d'Azy et M. le Ministre des Travaux publics, l'Assemblée, consultée, a adopté un ordre du jour de MM. Cézanne et Raudot ains motivé:

« L'Assemblée renvoie l'examen de la question à sa Commission d'enquête et passe à l'ordre du jour. » (1)

XXII. — Notre notice s'arrête tout naturellement ici, les faits historiques relatifs à la question qui nous occupe se trouvant épuisés.

Que va-t-il sortir, au point de vue des tarifs, de l'enquête à laquelle va se livrer la Commission sur le régime général des chemins de fer?

C'est ce que nous ne saurions prévoir.

Entrera-t-on, comme l'a insinué M. de Jouvenel, dans la voie du rachat des Compagnies concessionnaires, afin que l'État exploite lui-même au mieux des intérêts du public?

Nous ne le pensons pas, pour bien des raisons que nous ne pouvons développer ici, et en particulier, parce que l'État ne peut tout entreprendre par lui-même et se faire l'agent universel et complaisant d'un public insatiable dans ses prétentions et impossible par conséquent à satisfaire d'une façon complète.

Dans tous les cas, nous pensons que les résolutions de la Commission d'enquête, composée d'hommes éclairés et consciencieux, sans parti pris pour ou contre les Compagnies et, avant tout, désireux de bien faire, ne pourront avoir, au point de vue des tarifs, qu'une heureuse influence sur cette branche si importante de l'industrie des chemins de fer.

---

(1) La quatrième Commission d'initiative parlementaire avait été chargée d'examiner une proposition de M. Raudot, relative aux concessions de chemins de fer.

Sur le rapport de M. Arthur Legrand et après l'interpellation de M. Le Royer sur l'exploitation des chemins de fer, cette Commission a été d'avis de renvoyer la proposition de M. Raudot à la Commission d'enquête nommée par l'Assemblée pour étudier « les réforme à introduire dans l'industrie des chemins de fer. »

Elle a nommé une Sous-Commission de neuf membres, chargée de faire une enquête sur le stationnement dans les gares, le camionnage et l'emmagasinage.

MM. Frantz et Cézanne, ingénieurs et membres de la Commission, ont été chargés de visiter toutes les gares, et M. Dietz-Monin les magasins généraux.

ANNEXE N° 1

Séance du Corps législatif du 27 mai 1864

EXTRAIT DU *Moniteur universel* DU 28 MAI 1864

M. DE FRANQUEVILLE, Directeur général des chemins de fer et des Ponts et Chaussées, Commissaire du Gouvernement,

. . . .

J'arrive aux questions de chemins de fer.

Il me serait bien difficile, Messieurs, de suivre les honorables orateurs dans tous les détails qu'ils ont présentés à la Chambre. Mais, cependant, je demande la permission d'en examiner quelques-uns.

Les questions de tarifs qui se présentent devant vous, celle du tarif de 7 fr. 80 pour les houilles, sur le chemin de fer du Nord, celle du tarif de transit, toutes ces questions ne sont toujours au fond que la question générale des tarifs différentiels, de ces tarifs qui ne sont jamais acceptés complétement, contre lesquels on soulève toujours quelques réclamations, et qui, dans l'application, donneront souvent lieu à de nombreuses plaintes. Il est très-vrai que l'application des tarifs différentiels est, comme toutes les choses de ce monde, une affaire de mesure. Si on en abuse, on arrive à des résultats inacceptables ; mais si on en use sagement, équitablement, je suis convaincu au contraire, et toutes les personnes qui s'occupent de questions commerciales ont la même conviction, je suis convaincu que ce système de tarification est le seul moyen de faire rendre aux chemins de fer tous les résultats qu'on est en droit d'en attendre, c'est-à-dire d'étendre à la fois le cercle de la production et celui de la consommation, de faire que les produits ne s'arrêtent pas devant le prix du transport, comme devant un obstacle infranchissable, et de procurer ainsi des avantages immenses au pays.

Permettez-moi, Messieurs, de vous citer un exemple. Le chemin de Lyon-Méditerranée a fait un tarif différentiel pour le transport du blé de Marseille à Paris : il l'a fixé à 30 francs.

Un Membre. — La tonne ?

M. le Commissaire du Gouvernement. — Oui, 30 francs la tonne ; c'est toujours de la tonne que l'on parle. 30 francs la tonne correspondent à 3 centimes pour le kilogramme de blé et par conséquent pour le kilogramme de pain. Voilà assurément un tarif bien utile à l'intérêt général, mais aussi un tarif bien différentiel. Si vous considérez des villes plus rapprochées de Marseille, par exemple Dijon, ou Sens, ou Arles, villes intermédiaires, ces villes pourraient dire : Nous ne voulons pas payer 30 francs comme Paris ; il faut, ou que vous réduisiez le tarif pour nous, ou que vous fassiez progresser vos tarifs jusqu'à Paris. Il est évident que, dans ce cas, le blé ne pourrait plus arriver à Paris au prix de 30 francs. Ce prix si modique ne peut être accepté par la Compagnie, qu'autant qu'elle peut appliquer aux localités intermédiaires des prix assez rémunérateurs pour la couvrir du sacrifice qu'elle fait pour Paris ; ce sont là des charges, des avantages corrélatifs et solidaires entre eux.

Et, d'ailleurs, quel dommage résulte-t-il pour les localités intermédiaires de l'application d'un tarif modéré aux produits dirigés sur Paris, si ce même prix n'est pas trop cher pour elles ?

Telle ville, par exemple, qui paiera le blé le même prix que Paris, pourra-t-elle réclamer par cela qu'elle est moins éloignée de Marseille, et quand ce tarif lui est profitable à elle-même.

Messieurs, je le demande, faut-il céder à ce sentiment ? Ne serait-ce pas vouloir « son bien premièrement et puis le mal d'autrui ? » Cela me semble de toute impossibilité.

Eh bien, Messieurs, cet exemple résume tout le système des tarifs différentiels. Seulement, ainsi que je l'ai dit, c'est une question de mesure.

Eh bien, le tarif différentiel de la houille, dont a parlé l'honorable M. Pouyer-Quertier, sort-il de cette mesure raisonnable ?

Il semble, en effet, excessif ; car la distance est de 326 kilomètres pour la localité la plus éloignée, et de 193 kilomètres pour la plus rapprochée ; et l'on peut se demander comment on fait payer le même prix pour des parcours aussi différents.

Mais si l'on veut analyser la situation réelle des choses, on trouve que sur 566,000 tonnes qui sont transportées jusqu'à Paris, il y en a 23,600 seulement qui viennent d'une distance supérieure à 239 kilomètres, et 2,610 qui parcourent une distance inférieure à 210 kilomètres. Ainsi 95 0/0 de ce tonnage parcourent une distance comprise entre 210 et 239 kilomètres. Or, est-il exorbitant qu'on paie le même prix pour ces deux distances ? Cela est si peu exorbitant, Messieurs, que vous l'avez admis vous-mêmes l'année dernière en votant les dernières conventions de chemins de fer, qui comprenaient le tarif de la 4e classe.

Vous l'avez non-seulement admis, mais exigé avec une telle volonté, je fais appel, sur ce point, au souvenir de la Chambre, — que la Compagnie d'Orléans n'ayant pas voulu accepter ce tarif de la 1re classe, on a suspendu pour elle l'application de sa convention jusqu'à ce qu'elle ait adhéré à cette clause. Ce tarif, qui s'applique particulièrement à la houille, aux engrais et autres matières premières, est de 8 centimes jusqu'à 100 kilomètres ; 5 centimes de 100 à 300 kilomètres ; 4 centimes au delà de 300 kilomètres. Vous voyez de suite l'anomalie quand on arrive à 100 kilomètres, si l'on applique le tarif de 5 centimes ; il en résulte qu'on paierait plus cher pour le parcours de 101 kilomètres que pour celui de 100 kilomètres ; car le premier serait taxé à 5 fr. 05 et le second à 8 francs ; aussi, pour faire disparaître cette anomalie, on a eu soin d'insérer une clause portant que le tarif pour les distances inférieures à 100 kilomètres ne pourra pas excéder 5 et 12 francs pour les distances de 100 à 300 kilomètres. Or, comme au taux de 8 centimes, le prix de 5 francs correspond à un parcours de 63 kilomètres, le prix reste le même de 63 à 100 kilomètres ; lorsqu'on arrive à 300 kilomètres, la différence est encore plus sensible, car le prix de 12 francs au taux de 5 centimes correspond à 240 kilomètres, de sorte que le prix ne varie pas de 240 à 300 kilomètres. Cette clause a été admise par la Chambre ; elle est en effet parfaitemen sage, parfaitement raisonnable, et le tarif de la Compagnie du Nord est exactement dans les mêmes conditions. Aussi, lorsque M. le Ministre des Travaux publics a répondu à cette Compagnie que ses tarifs étaient admissibles et que l'Administration ne pouvait pas s'y opposer, il a dit une chose parfaitement justifiable. (*C'est vrai ! Très-bien !*)

L'incident qu'a raconté l'honorable M. Pouyer-Quertier au sujet d'un voyage de M. le Ministre, de Saint-Germain à Saint Cloud, est parfaitement exact. Il est très-vrai que, pour aller de Paris à Saint-Germain, on payait alors moins cher que pour aller de Saint-Germain à Asnières.

Il en était de même pour les parcours intermédiaires entre Bordeaux et Nantes.

Il demande, en effet : pourquoi donc paie-t-on un prix plus élevé dans un cas pareil ?

Ainsi un voyageur avait pris un billet à Bordeaux pour se rendre à Nantes. Il arrive à Ancenis, où il veut s'arrêter pour un motif quelconque, et on lui demande un supplément de prix. Ce voyageur ne comprend pas comment on peut exiger un supplément, parce qu'il s'est arrêté en route ; cela lui parut exorbitant, il opposa de la résistance, et il en résulta de là un certain désordre causé par un fait vraiment anormal, mais qui alors était légitime. Je dis que le fait était légitime, et j'ajouterai que ce système, qui consiste à faire payer la distance directe, à vol d'oiseau, au lieu de la distance réellement parcourue, est précisément celui que réclame l'honorable M. Haentjens. Dans ce système, en effet, la distance de Bordeaux à Nantes est plus courte que celle de Bordeaux à Ancenis.

Mais M. le Ministre des Travaux publics n'a pas partagé cette manière de voir, et il a jugé par sa propre expérience (On rit) que c'était une chose qui ne pouvait être admise. En conséquence, il a été déclaré depuis cette époque, et c'est aujourd'hui une règle absolue, sans exception, que jamais la distance la plus éloignée ne pouvait être taxée moins cher qu'une distance plus rapprochée; en sorte que si le fait qui a été signalé par l'honorable M. Haentjens est réel, comme je n'en doute pas...

M. Haentjens.— Je puis en donner la preuve.

M. le Directeur général des chemins de fer et des ponts et chaussées, *Commissaire du Gouvernement*... J'en conclurai que l'expéditeur n'a pu ou su se faire rendre justice.

M. Haentjens.— Voulez-vous me permettre un mot...(Non! non!) Ce sont d'honorables négociants du Mans... (N'interrompez pas!)

M. le Directeur général des chemins de fer et des ponts et chaussées, *Commissaire du Gouvernement*. Si MM. les négociants du Mans avaient bien voulu écrire à M. le Ministre, ils auraient déjà reçu une réponse, et cette réponse eût été celle-ci: C'est qu'il existe pour les transports de La Rochelle à Alençon, entre les Compagnies d'Orléans et de l'Ouest, un tarif commun, c'est-à-dire que les deux Compagnies font un prix ferme pour aller d'une localité à l'autre, et ensuite se partagent le prix proportionnellement à la distance ou suivant une proportion qu'elles déterminent entre elles. Ce tarif commun renferme, comme tous les tarifs spéciaux, cette clause que si, pour une localité intermédiaire dont le nom ne figure pas dans le tarif, on a intérêt à prendre le prix de la station suivante dénommée dans le même tarif, on a toujours le droit de le faire. Je sais qu'à certaines époques les Compagnies ont contesté ce principe pour les tarifs communs et ont cherché à en restreindre l'application aux localités situées dans un même réseau.

Mais l'Administration a toujours été très-ferme sur ce point, et aujourd'hui il ne s'élève plus de doute à cet égard. D'où je conclus que si cette clause n'est pas appliquée, c'est par suite d'une erreur qui peut être facilement réparée.

M. Barbet. — Je profite de l'occasion pour demander au Commissaire du Gouvernement pourquoi on paie plus cher pour aller de Paris à Rouen, que pour aller de Paris au Havre?

M. le Directeur général des chemins de fer et des ponts et chaussées, *Commissaire du Gouvernement*. — Il ne peut y avoir dans ce cas, comme dans celui dont je viens de parler, que quelque malentendu, et je vais dire quelle peut en être l'origine.

Il y a pour toutes les Compagnies ce qu'on appelle les tarifs généraux, c'est-à-dire les tarifs avec toutes les clauses de délais, d'expédition, de responsabilité, etc., et il y a ensuite des tarifs qui sont le plus généralement appliqués, c'est-à-dire les tarifs spéciaux. Dans ces tarifs, les Compagnies, usant d'une faculté qui leur est donnée par le cahier des charges, donnent des facilités aux expéditeurs, moyennant soit un allongement dans les délais de transport, soit la renonciation par l'expéditeur aux risques de route, non pas à ceux qui proviennent des fautes de la Compagnie, mais aux simples déchets, ou moyennant d'autres conditions qu'il est inutile d'énumérer. Mais comme ces conditions impliquent, de la part de l'expéditeur, une sorte d'accord avec la Compagnie, on n'applique les tarifs spéciaux que lorsque l'expéditeur le demande.

M. le vicomte Clary. — Je demande la parole.

M. le Commissaire du Gouvernement. — Si donc l'expéditeur ne demande pas l'application des tarifs spéciaux, il est évident qu'on ne doit pas lui en faire l'application.

M. Barbet. — Ils ne le savent pas. Comment voulez-vous qu'ils le sachent?

Un membre. — Ils sont affichés partout.

M. le Commissaire du Gouvernement. — Il n'y a pas un seul tarif qui ne soit affiché, placardé dans toutes les gares, sur tous les murs de Paris. Il est évident que dans une grande industrie comme celle des chemins de fer, il peut survenir quelques incidents fâcheux ; il y a tel chef de gare qui peut mal interpréter les tarifs; il y a tel employé inférieur qui peut certainement commettre quelques fautes, quelques erreurs ; mais, enfin, je ne parle que de la règle absolue, et toutes les fois qu'on demande l'application de la règle, on est sûr de trouver accueil auprès du Gouvernement, et, je dois le dire, auprès des Compagnies elles-mêmes.

Je pense que sur cette question j'ai donné des explications suffisantes. *(Oui! oui!)*

Si la Chambre croit que j'ai suffisamment répondu aux orateurs précédents, je bornerai là mes explications, sauf à les reprendre plus tard, s'il est nécessaire. *(Très-bien! très-bien! — Aux voix! aux voix!)*

ANNEXE N° 2

Séance du Corps législatif du 30 juin 1866

Moniteur DU 1er JUILLET

M. Pouyer-Quertier. — Je demande à dire quelques mots sur l'exploitation des chemins de fer.

Une question des plus graves a été posée à M. le Commissaire du Gouvernement, et je n'ai pas entendu qu'il y ait fait une réponse. J'en suis extrêmement fâché, parce qu'il s'agit là d'intérêts de la plus haute gravité, et aussi bien pour le public que pour les Compagnies elles-mêmes; je veux parler des tarifs occultes, des tarifs secrets. (Exclamations diverses.)

Messieurs, j'ai là plein les mains de jugements contre les Compagnies, soit du Nord, soit de l'Est, soit du Lyon-Méditerranée; cependant, soyez tranquilles, je sais bien que ce n'est pas le moment de venir vous les lire et vous entretenir longuement de ces détails. Mon ami et honorable collègue, M. Jules Brame, devait vous exposer cette question. *(Parlez, parlez.)*

S'il est possible à de grands transporteurs, à de grands industriels, qui ont une grande situation, qui exploitent de très-grandes industries, d'attaquer les grandes Compagnies, il n'est pas possible à de petits commerçants, à de petits manufacturiers de le faire, parce que, pour poursuivre les Compagnies devant les tribunaux, il faut, au bout du compte, y dépenser beaucoup d'argent et beaucoup de temps; et c'est là une dépense que peuvent faire seuls les chefs de grandes exploitations.

Sans doute des chefs d'exploitations considérables ont attaqué les Compagnies, et les ont fait condamner à des dommages-intérêts importants; mais je demande, puisque le Gouvernement a le droit, par suite de son association avec les Compagnies de chemins de fer, d'intervenir dans leur exploitation par la surveillance, puisque le Gouvernement a auprès des Compagnies des Commissaires de surveillance, je demande pourquoi le Gouvernement ne se fait pas représenter les registres de ces Compagnies et n'examine pas de plus près l'application des tarifs.

Je demande donc que le Gouvernement intervienne et qu'il se fasse rendre des comptes des applications de tarifs.

S'il faisait cela, les Compagnies et entre autres la Compagnie du Nord, ne seraient pas condamnées à 185,000 fr. de dommages-intérêts.

M. Delebecque. — C'est une erreur !

M. Pouyer-Quertier. — Ce n'est pas une erreur ; car j'ai là entre les mains l'expédition d'un jugement qui condamne la Compagnie du Nord à 185,710 francs de dommages-intérêts.

Il y a d'autres procès engagés pour des sommes encore plus importantes, des procès intentés par des particuliers ; mais cela ne suffit pas : je demande formellement que le Gouvernement intervienne pour protéger les intérêts de tous les transporteurs, en empêchant les Compagnies de chemins de fer de consentir, au profit de quelques-uns seulement, des traités secrets qui rendent pour tous les autres toute concurrence impossible. Ce sont là des tarifs de faveur strictement interdits par la loi au nom du principe d'égalité. (Très-bien !)

Ce n'est pas le moment, à la fin d'une session, d'entrer dans les détails d'une question si importante ; mais, je le répète, je demande au Gouvernement qu'il intervienne, par son action, par son influence, dans l'exploitation des chemins de fer, à la régularité de laquelle il a lui-même un si grand intérêt ; car, en définitive, il est garant de leur bonne exploitation.

Je demande que le Gouvernement nous réponde, et qu'il nous dise ce qu'il veut faire à l'égard des traités secrets souscrits par les Compagnies au profit de certains grands transporteurs. (*Assentiment sur plusieurs bancs.*)

M. de Franqueville, *Commissaire du Gouvernement.* — Il est vrai que je ne me suis pas occupé, dans les explications que j'ai présentées tout à l'heure à la Chambre, de la question que vient de rappeler l'honorable M. Pouyer-Quertier ; mais il m'avait été très-difficile d'entendre l'honorable M. de Janzé, je n'avais pas pu saisir toutes ses observations à ce sujet : c'est là le motif pour lequel je n'ai pas abordé cette partie de la discussion.

Autant que j'ai pu saisir, au milieu du bruit, les paroles de M. le baron de Janzé, je crois que l'honorable membre s'est surtout occupé du procès qui a été intenté à la Compagnie de l'Est, et qui est encore pendant devant les tribunaux.

Quelques voix. L'arrêt a été rendu ce matin même.

M. de Tillancourt. — Et il confirme le jugement.

M. le Commissaire du Gouvernement. — La Chambre me permettra de lui exposer les circonstances dans lesquelles cette affaire s'est produite.

A l'origine des chemins de fer, les traités particuliers étaient licites, ils étaient en quelque sorte la règle générale ; les neuf dixièmes des transports se faisaient sous le bénéfice de ces traités.

En Angleterre, la plupart des transports ne se font pas autrement.

M. Pouyer-Quertier. — En Angleterre, il n'y a pas de monopole. (*Mouvements divers.*)

M. le Commissaire du Gouvernement. — Je sais que l'exploitation de nos chemins de fer est l'objet de beaucoup de critiques; et cependant les Anglais, qui sont bons juges en pareilles matières, ne sont pas autant que nous portés à critiquer notre mode de procéder; car ils viennent étudier ce qui se fait en France et se livrer à une enquête sur notre système d'exploitation.

Dans cette enquête, ils demandent si, en France, il y a des exemples de concurrence entre les chemins de fer et d'autres voies de transport et quelle en est la conséquence sur les tarifs.

Puisqu'on se demande s'il y a des exemples de cette concurrence en France, c'est une preuve, ce me semble, qu'en Angleterre il n'y en a pas. Et, en effet, les chemins de fer et les canaux, en Angleterre, sont coalisés de telle manière que le public subit en fait les exigences d'un véritable monopole.

Je crois donc que l'exploitation des chemins de fer français est mieux appréciée en Angleterre qu'en France, et que, sous ce rapport, nous n'avons rien à envier aux autres pays. (*Très-bien ! très-bien !*)

Véritablement, depuis huit à dix ans, on a fait de tels progrès, de telles améliorations, au point de vue de l'égalité parfaite et de la régularité des tarifs, que je m'étonne d'entendre des critiques semblables à celles qui se produisent. C'est du reste une chose assez habituelle dans ce monde : quand tout va bien, il semble que c'est chose toute naturelle, on jouit du bien présent, sans se souvenir du mal passé. (*C'est vrai ! c'est vrai !*)

Je disais donc que les traités particuliers étaient la règle depuis l'origine des chemins de fer.

A cette époque, la Commission centrale des chemins de fer, composée des personnes les plus recommandables, appartenant aux grands corps de l'État, avait admis parfaitement ce mode d'exploitation emprunté à l'Angleterre.

Voici comment était conçu le cahier des charges à cet égard :

« La perception des taxes devra se faire par la Compagnie indistinctement et sans aucune faveur. Dans le cas où la Compagnie aurait accordé à un ou plusieurs expéditeurs une réduction sur l'un des prix portés au tarif, avant de la mettre à exécution, elle devra en donner connaissance à l'Administration ; et celle-ci aurait le droit de déclarer la réduction, une fois consentie, obligatoire vis-à-vis de tous les expéditeurs. La taxe, ainsi réduite, ne pourra, comme pour les autres réductions, être relevée avant un délai d'un an. »

On s'était donc donné la faculté de généraliser les clauses des traités particuliers ; puis on avait rédigé une formule d'accusé de réception, qui est imprimée, et dans laquelle, après avoir constaté le droit de l'Administration, on déclarait qu'elle ne croyait pas devoir en user quant à présent. En fait, on n'exerçait ce droit à aucune époque, et les traités particuliers, ainsi que je l'ai déjà dit, au lieu d'être l'exception, étaient la règle.

Ce système a subsisté jusqu'en 1857.

A cette époque, le Ministre qui dirigeait les Travaux publics, et qui a laissé des traces si profondes de son passage dans cette Administration, — M. le Ministre d'Etat actuel, — reprit la question des chemins de fer; il fit étudier successivement, par le Conseil général des ponts et chaussées et par le Comité des chemins de fer, un nouveau cahier des charges très-correct, très-méthodique, et qui régit aujourd'hui toutes les Compagnies de chemins de fer. C'est ce cahier des charges qui a supprimé les traités particuliers.

Mais, à cette époque, il existait un grand nombre de traités de ce genre; il y en avait qui avaient été établis non-seulement par les Compagnies, mais aussi par l'État qui, pendant un certain temps, avait exploité le chemin de fer de Lyon.

Lorsqu'il a fallu rompre tous ces traités, on a rencontré de très-grandes difficultés : — ceux pour lesquels on les avait faits se sont présentés devant les tribunaux et ont dit que les Compagnies avaient contracté librement avec eux et qu'elles n'avaient pas le droit, en vertu d'une décision administrative, de rompre leurs engagements.

Un arrêt de cassation, en date du 28 avril 1858, consacre cette doctrine :

« Considérant, dit cet arrêt, que les conventions légalement formées tiennent lieu de loi à ceux qui les ont faites; qu'elles ne peuvent être révoquées que pour les cas que la loi autorise; que la décision ministérielle du 26 décembre 1857, dont se prévaut la Compagnie, ne saurait avoir un tel effet, ni annuler dans aucune de ses dispositions un traité volontairement souscrit entre les parties, etc. »

Ainsi donc, la Cour de cassation a déclaré qu'un traité était valable, malgré la décision ministérielle.

Eh bien! le traité qui a valu à la Compagnie de l'Est le procès qui s'est dénoué aujourd'hui même, est un traité qui date de 1852 et qui devait expirer en 1861. La Compagnie a eu le tort grave, et elle le paie aujourd'hui très-cher, de ne pas plaider, de ne pas se faire condamner par les tribunaux, comme elle l'avait fait dans d'autres circonstances; elle a continué purement et simplement son traité jusqu'en 1861, sous forme de détaxes, et, pour ce fait, elle a été justement condamnée. Ce n'est donc pas à raison de traités nouveaux, mais bien par suite de l'exécution irrégulière des traités anciens, que la Compagnie de l'Est s'est exposée à subir le paiement de dommages-intérêts peut-être considérables.

Je sais bien que dans ce procès d'autres irrégularités ont été reprochées à la Compagnie; mais, puisque les tribunaux sont saisis, nous devons attendre leur jugement. *(Marques d'assentiment.)*

Et maintenant, Messieurs, que l'honorable M. Pouyer-Quertier me permette de lui faire observer que l'intervention qu'il demande de la part du Gouvernement est vraiment irréalisable. Le Gouvernement a incontestablement un droit de surveillance et de contrôle; et, en effet, les Commissaires chargés de la surveillance administrative s'assurent que les taxes sont régulièrement portées à la connaissance du public, qu'elles sont conformes à la décision du Ministre, que les règlements sont observés dans tous les détails du service, enfin assurent l'application de toutes les instructions qui régissent l'exploitation des chemins de fer.

Quant aux Inspecteurs d'exploitations commerciales, qui sont d'ailleurs en très-petit nombre, ils sont chargés de vérifier les tarifs appliqués par les Compagnies, de contrôler les ordres de service, et de donner leur avis sur toutes les questions commerciales que soulève l'exploitation. Mais comment pourraient-ils vérifier l'application des tarifs à chaque expédition, alors que le nombre de ces expéditions est de plus de 30 millions par an?

Voudriez-vous qu'il y eût à côté de chaque employé de chemin de fer un agent du Gouvernement vérifiant la taxation? Véritablement, ce serait une tâche impossible à remplir, et ce ne saurait être le rôle du Gouvernement. (*Marques d'assentiment.*)

M. POUYER-QUERTIER. — Il se passe beaucoup de faits que le Gouvernement ne peut pas tout à fait ignorer.

M. LE COMMISSAIRE DU GOUVERNEMENT. — Toutes les fois que de tels faits nous ont été signalés, ils ont été l'objet d'une attention très-sérieuse de la part de l'Administration.

Au surplus, les Compagnies savent parfaitement que si elles commettent des irrégularités de ce genre, elles sont exposées à aller en répondre devant les tribunaux, du jour où la contravention vient à être connue. On a aujourd'hui des exemples très-frappants des suites que peuvent avoir des affaires de ce genre, et ces exemples sont de nature à faire réfléchir. On ne comprendrait guère, après tout, que les Compagnies eussent un intérêt quelconque à favoriser un expéditeur au détriment des autres.

Messieurs, je le répète, tout ce qui se passe aujourd'hui devant les tribunaux n'est que la liquidation résultant de la transition d'un état de choses à un autre, du système suivi avant 1857 au système suivi depuis cette époque. Cette transition a été très-laborieuse, très-difficile. Elle a donné lieu à une foule de solutions de cas particuliers qui ont été une cause de grands embarras pour l'Administration et pour les Compagnies.

En ce qui concerne ces dernières, je suis convaincu qu'elles ne sont nullement disposées à opérer désormais des détaxes irrégulières.

Quant au Gouvernement, s'il avait connaissance de faits de cette nature, il n'hésiterait pas à user de tous les droits que lui donnent la loi et les règlements. (*Très-bien! Très-bien!*)

I.

AFFAIRE GUÉRIN CONTRE LA COMPAGNIE DU CHEMIN DE FER DU NORD.

ROULAGE ET COMMISSION.

Refus de payer le prix fixé par le tarif homologué — fondé sur un autre tarif homologué — nonobstant la différence des conditions en ce qui touche les lieux d'expédition et de destination (1).

Jugement du tribunal de commerce de la Seine du 17 mai 1853. — Arrêt de la Cour de Paris du 18 novembre 1853.

Lorsque, sur la demande en paiement du transport de marchandises sur un chemin de fer, l'expéditeur conteste le chiffre de la réclamation, d'après les tarifs homologués par l'administration, et conclut à des dommages-intérêts, les tribunaux ordinaires sont incompétents pour statuer sur le débat, qui, ainsi établi, entraîne la nécessité de l'interprétation des actes de l'administration. Il y a lieu dès lors, pour le tribunal saisi, de surseoir jusqu'après cette interprétation.

Le 18 octobre 1847, les Compagnies des chemins de fer du Nord, de Rouen et du Havre, mettant à exécution la disposition d'un tarif commun, homologué par des décisions ministérielles des 12 et 28 septembre précédent, et rendues exécutoires par ordonnance du 12 octobre, ont réduit le prix de transport pour les marchandises entre les stations du Havre et de Rouen, d'une part, et les stations de Quiévrain, Mouscron, Lille, Valenciennes et Amiens, d'autre part.

Au mois de février 1852, M. Guérin, entrepreneur de roulage à Amiens, se disant lésé dans son entreprise particulière de transport d'Amiens à Rouen, par l'application de ce nouveau tarif réduit, a réclamé, pour les marchandises qu'il fait transporter de Paris à Amiens seulement, ou réciproquement, la réduction dont jouissaient les seules marchandises expédiées directement d'Amiens

(1) Extrait du *Journal des chemins de fer*, année 1853, page 887.

ou de l'un des autres points de la ligne du Nord désignés au tarif, en destination de Rouen ou du Havre, ou réciproquement.

De plus, en défense à une action intentée contre lui par la Compagnie du Nord devant le tribunal de commerce de Paris, en paiement de 7,399 francs de frais de transport à elle dus, M. Guérin a demandé des dommages-intérêts à déterminer par la différence existant entre les frais de transport d'après l'ancien tarif appliqué à ses marchandises expédiées d'Amiens à Paris, et les frais qu'il aurait eu à supporter si on lui avait fait l'application du tarif réduit consenti pour les colis allant à Rouen et au Havre.

Le tribunal de commerce de la Seine a rendu, le 17 mai 1853, un jugement ainsi conçu :

« Le tribunal,

» En ce qui touche la demande de la Compagnie du Nord :

» Attendu que le montant de la somme réclamée n'est pas contesté par le » défendeur en tant qu'il est réglé par les tarifs ordinaires de la Com- » pagnie, et qu'il est bien débiteur des transports qui y sont compris; que le » défendeur prétend seulement avoir le droit d'y appliquer des prix réduits » de Paris à Amiens *et vice versà*, en proportion d'un tarif commun en vi- » gueur depuis octobre 1847, entre les Compagnies du Nord, de Rouen et du » Havre;

» Attendu que Guérin excipe à cet effet de diverses dispositions, soit de la » loi et de l'ordonnance constitutives du chemin de fer du Nord, soit des » statuts y annexés, qui interdisent absolument tous traités ou arrangements » avec toute entreprise de transports qui ne seraient pas également consentis » en faveur des autres entreprises desservant les mêmes routes, dispositions » qu'il ait violées à son égard;

» Attendu que, dans chacune de ces dispositions, le droit pour l'administra- » tion publique d'intervenir par une autorisation spéciale est expressément » réservé; que ce droit est purement et essentiellement restrictif au regard » des tiers;

» Qu'il n'est donc nullement affecté, comme on le prétend, par la formule » générale de réserve du préjudice des droits des tiers, posée dans l'article 3 » de l'ordonnance d'institution du 20 septembre 1846;

» Attendu que, dans l'espèce, cette autorisation spéciale a été donnée par » ordonnance du 12 octobre 1847 pour le tarif dont l'application a été criti- » quée par Guérin, et qui a été accordé aux Compagnies du Nord, de Rouen » et du Havre, en commun pour le transport des marchandises expédiées du » Havre et de Rouen à divers points de la ligne du Nord et *vice versâ;*

» Attendu que le défendeur ne justifie pas que la Compagnie du Nord lui » ait refusé l'application de ce tarif commun pour les transports qu'il aurait » présentés dans les conditions sus-relatées ;

» Attendu que Guérin soutient, en outre, que la Compagnie demanderesse, » par le camionnage entrepris d'une gare à l'autre pour relier les deux voies » de fer, transgresse encore les limites de sa concession, restreinte à la per- » ception sur son parcours de droits de péage ou de transport, et en tant » qu'elle effectuera ses transports à ses frais et par ses propres moyens ;

» Attendu que si, en effet, cette disposition pouvait s'opposer à ce que la » Compagnie se livrât à une industrie étrangère à l'objet de son institution, » on ne saurait raisonnablement y trouver l'interdiction du camionnage ou de » tout autre moyen de correspondance qui ne peuvent être considérés que » comme des accessoires souvent même obligés et nécessaires à son exploi- » tation ;

» Attendu qu'il suit de ce qui précède que c'est à tort que Guérin prétend » que la Compagnie du Nord a enfreint à son égard les termes dans lesquels » sa concession lui a été accordée ;

» Qu'il s'ensuit encore qu'il n'a droit à aucune réduction de ce chef sur le » montant des transports dont le prix lui est réclamé ;

» En ce qui touche les conclusions subsidiaires reconventionnelles de Guérin » en dommages-intérêts :

» Attendu que bien qu'il soit admissible que Guérin ait pu éprouver un » préjudice, ce préjudice, s'il existe, dérivant d'un fait, il est vrai, fatal à la » concurrence qu'il pouvait soutenir avec ses anciens moyens de transport, » mais strictement légal, il n'en peut résulter aucune application de dom- » mages-intérêts ; que dès lors la demande reconventionnelle ne saurait être » accueillie ;

» Condamne Guérin par toutes les voies de droit, et même par corps, à » payer à la Compagnie du Nord la somme de 7,309 fr. 20 c., montant de la » demande, avec les intérêts, suivant la loi ; le déboute de ses conclusions » reconventionnelles. »

M. Guérin a interjeté appel.

Suivant lui, le tarif, qu'il appelait de coalition, devait lui être appliqué, à peine de violation de l'article 41 du cahier des charges, portant que la perception des taxes devait se faire par la Compagnie indistinctement et sans aucune faveur. En supposant qu'un tarif différentiel fût permis à la Compagnie, ce tarif ne pouvait être établi en vue de l'expéditeur ou de la destination de la marchandise au-delà de sa propre gare. Le chemin de fer est une dépendance du domaine public; il ne peut y avoir là de privilége pour personne; son exploitation se renferme strictement dans les limites qui ont été définies; aussi l'article 47 du cahier des charges, placé sous la sanction de l'article 419 du Code pénal, a pour but de faire obstacle à tout arbitraire, et la jurisprudence a consacré l'égalité et la libre concurrence devant les chemins de fer.

Le tarif différentiel, mal à propos qualifié ainsi, n'a d'autre but que de monopoliser, moyennant une baisse de prix momentanée, la totalité des transports de marchandises et de détruire, au profit de l'administration du chemin de fer, l'industrie des agents intermédiaires, ce qui s'est déjà réalisé presque partout; en sorte qu'insensiblement ces colossales entreprises détruiront toute espèce de commerce de transport, soit par terre, soit par le cabotage qui forme nos marins.

Le service par terre d'Amiens à Rouen, exploité par M. Guérin, est directement frappé par la coalition des trois administrations de chemins de fer, et cependant la Compagnie du Nord n'a droit d'exploiter que sa ligne; l'article 41 de son cahier des charges lui interdit toute taxe, si ce n'est à la condition d'effectuer elle-même le transport à ses frais et par ses propres moyens; l'homologation de l'abaissement des tarifs est, comme on sait, une mesure de pure forme et de simple police, qui n'est accordée que sous réserve des droits des tiers.

En conséquence, M. Guérin demandait à compter avec la Compagnie d'après le tarif réduit, et subsidiairement il concluait à des dommages-intérêts à donner par état pour le préjudice à lui causé par le tarif de coalition.

M. le préfet de la Seine, procédant en exécution de l'ordonnance du 1er juin 1828 sur les conflits, a proposé sur cet appel un déclinatoire fondé sur ce que la Cour ne pouvait connaître de la demande reconventionnelle du sieur Guérin, attendu que, pour statuer sur sa demande, il était nécessaire d'entrer dans l'examen de décisions ministérielles approbatives des modifications et réductions des tarifs consentis sur le chemin de fer du Nord et sur celui de Paris à Rouen et au Havre, décisions constituant des actes essentiellement administratifs, dont l'appréciation rentrait exclusivement dans les attributions de l'autorité administrative.

M. le préfet, dans son mémoire soumis à la Cour, citait à l'appui du déclinatoire, un arrêt du Conseil d'État du 21 avril 1853 (*Affaire Dupont et consorts* (diligences Boulonnaises) *contre la Compagnie du chemin de fer de Versailles* (rive droite).

M. le préfet a conclu à ce que la Cour se déclarât incompétente pour statuer sur l'appel en ce qui touchait le chef relatif à la demande reconventionnelle en dommages-intérêts formée par le sieur Guérin.

Me Mathieu, avocat de M. Guérin, a repoussé ce déclinatoire, en faisant observer que M. Guérin ne demandait pas l'interprétation du tarif, lequel n'en avait pas besoin, mais l'application même de ce tarif, application qui était du domaine des tribunaux ordinaires. Il a opposé à l'arrêt du Conseil d'État sur le conflit élevé dans la cause des Boulonnaises, l'arrêt de la 1re chambre de la Cour impériale du 9 juillet 1852, qui, dans la même cause, avait proclamé la compétence des juges ordinaires.

M. de la Baume, premier avocat général, en présentant à la Cour le déclinatoire, a pensé qu'il était fondé, toutefois en proposant une modification résultant des conclusions suivantes, dont il a donné lecture :

« Attendu que l'autorité judiciaire est seule compétente pour statuer sur l'ac-
» tion intentée par l'administration contre Guérin, parce qu'il ne s'agit que de
» l'exécution d'un contrat ordinaire de roulage ou de commission, ou de paie-
» ment des frais de transport;

« Que si, en opposant à cette demande des objections tirées de l'illégalité
» des tarifs appliqués par l'administration des chemins de fer, Guérin pouvait
» faire naître un déclinatoire, il demeurerait libre d'ajourner selon son gré le
» paiement d'une dette échue et exigible jusqu'à ce que le déclinatoire fût
» vidé;

» Que lorsque l'incompétence du juge ne porte que sur l'exception, la de-
» mande principale doit être accueillie;

» Attendu que l'incompétence de l'autorité judiciaire ne s'applique pas seu-
» lement à la prétendue demande reconventionnelle de Guérin, mais encore à
» l'exception opposée par lui à la demande principale; car il les fait dériver
» l'une et l'autre de l'illégalité des tarifs approuvés par l'autorité administra-
» tive :

» Plaise à la Cour,

» Sans rien préjuger sur l'exception de Guérin et sur sa demande reconven-
» tionnelle, dont la connaissance demeure réservée à qui de droit,

» Rejeter l'appel, avec amende et dépens. »

M. l'avocat général, répondant aux objections de la plaidoirie, fait observer que l'interprétation des tarifs est très-nécessaire, puisqu'il y a sur leur sens et leur portée divergence d'opinions entre les parties. D'autre part, si Guérin demande l'application du tarif différentiel, il excède les termes de ce tarif, puisqu'il veut appliquer au simple parcours d'Amiens à Paris et réciproquement, un acte fait pour un parcours beaucoup plus étendu, d'une frontière à l'autre. Enfin, s'il est vrai que les droits des tiers sont toujours réservés, il en résulte que c'était aux tiers intéressés à s'opposer en temps utile à l'homologation, laquelle ne saurait être considérée comme de pure forme.

Voici le texte de l'arrêt :

« La Cour,

» Considérant que Guérin, assigné par la Compagnie du chemin de fer du » Nord en paiement d'une somme de 7,399 fr. pour transport de marchandises, » oppose à la demande que, de la combinaison des tarifs autorisés par l'admi- » nistration en 1847, avec les tarifs antérieurs, et les lois qui ont réglé l'éta- » blissement du chemin de fer du Nord, il résulte que sa dette ne peut s'élever » à pareille somme ;

» Que, de plus, en considérant les tarifs de 1847 comme le résultat d'un » concert frauduleux et d'une coalition entre les Compagnies du Nord, de Rouen » et du Havre, il conclut subsidiairement à ce que des dommages-intérêts lui » soient alloués en réparation du préjudice qu'il a souffert ;

» Considérant que la première partie de cette défense aurait pour objet et » pour résultat d'entraver l'application littérale des tarifs homologués en 1847, » en les étendant à des transports qu'ils ne comprennent pas formellement ;

» Que la deuxième partie impliquerait l'illégalité desdits tarifs ;

» Que pour apprécier ces conclusions, il y a nécessité d'interpréter les actes » émanés de l'administration ; mais qu'à l'administration seule appartient le » droit de fixer le sens, l'application et la portée de ses décisions, quand elles » sont contestées ;

» Que, dès lors, il y a lieu de surseoir jusqu'à l'interprétation qui fixera le » sort de l'instance principale ;

» Surseoit jusqu'à ce que, par l'autorité compétente, il ait été statué sur le » sens et la portée des tarifs homologués en 1847 ;

» Tous droits, moyens et dépens réservés. »

II.

AFFAIRE RAUCH CONTRE LA COMPAGNIE DU CHEMIN DE FER DU NORD.

TRANSPORT DE MARÉE.

Refus de payer le prix fixé par un traité particulier — fondé sur un autre traité particulier — nonobstant la différence des conditions en ce qui touche le lieu de livraison (1).

Jugement du tribunal correctionnel de la Seine du 18 janvier 1855. — Arrêt de la Cour de Paris du 19 mai 1855. — Arrêt de la Cour de cassation du 12 décembre 1855.

L'expéditeur qui, faisant usage de la faculté que lui accorde la loi, réclame d'une Compagnie de chemin de fer les avantages ou conditions assurés par cette Compagnie à un autre expéditeur, est obligé d'accepter ces conditions dans leur entier, tant celles qui sont relatives au trajet sur la voie de fer, que celles qui concernent le parcours par camionnage pour le transport des objets expédiés jusqu'à leur destination définitive. Cet expéditeur ne serait pas fondé à prétendre qu'il n'entend avoir recours à la Compagnie du chemin de fer que pour le transport sur la voie de fer, et non pour le camionnage et le transport des marchandises à domicile. (L. 15 juill. 1845. art. 14; Cod. Nap., 1134.) (2)

« Un traité particulier est intervenu entre le sieur Rauch, armateur à Dunkerque, et la Compagnie du chemin de fer du Nord, pour le transport de la marée de Dunkerque à Paris. Une des clauses de ce traité porte que si la Compagnie accordait à d'autres personnes, pour des expéditions de marée entre les mêmes points, des conditions plus avantageuses, le sieur Rauch pourrait en réclamer l'application en sa faveur. Cette clause n'était, d'ailleurs, que la reproduction, pour un cas particulier, de la clause générale insérée dans l'article 14 de la loi du 15 juillet 1845.

(1) Extrait du Recueil de Sirey, 1856, page 222.

(2) « Celui qui traite avec une Compagnie de chemin de fer peut, sans doute, se réserver le transport des objets expédiés, de la gare à domicile, et se soustraire au camionnage que la Compagnie voudrait lui imposer (V. Cass. 27 juillet 1852, vol. 1852.1.829); mais celui qui usant de la faculté accordée par la loi, veut profiter du traité fait entre un tiers et la Compagnie, est évidemment obligé d'accepter le traité dans son entier, et ne peut le diviser pour y prendre ce qu'il y trouve d'avantageux, et laisser de côté ce qui ne lui convient pas. »

Le cas prévu par cette clause s'est réalisé, la Compagnie du chemin de fer ayant fait avec la dame Battez un traité par lequel elle s'engageait à transporter la marée, pour le compte de la dame Battez, de Dunkerque à Paris, à un prix moindre que celui qui avait été stipulé avec le sieur Rauch. Il y avait cependant cette différence entre le traité avec le sieur Rauch et celui avec la dame Battez, que, suivant le premier, le poisson était livré au sieur Rauch dans la gare de Paris, tandis que, suivant le second, le poisson était camionné par la Compagnie de la gare de Paris à la halle.

Le sieur Rauch ayant demandé à la Compagnie à jouir des avantages de prix assurés à la dame Battez, la Compagnie lui en a reconnu le droit, conformément au traité fait entre eux et aux lois générales de la matière ; mais elle a prétendu en même temps que le sieur Rauch devait subir, sans distinction, toutes les conditions du traité fait avec la dame Battez, et par conséquent, se soumettre à ne recevoir la marée qu'à la halle, au lieu de pouvoir, comme d'après son traité personnel, en prendre livraison à la gare.

Le sieur Rauch prétendait, au contraire, qu'il n'y avait aucune liaison entre le transport de la marchandise de la gare de Dunkerque à celle de Paris, et le camionnage de cette marchandise de la gare de Paris à la halle ; que, d'ailleurs, il offrait à la Compagnie de lui payer le transport sur le même pied que la dame Battez, c'est-à-dire au prix de 91 fr. les 1,000 kilogr., sans demander d'ailleurs de réduction pour le camionnage dans Paris, dont il l'exonérait, et que, par conséquent, la Compagnie n'avait aucun droit de lui imposer ce camionnage.

L'intérêt du sieur Rauch à se soustraire au camionnage de la Compagnie, tout en le lui payant, consistait à avoir la disposition de sa marchandise avant son arrivée à la halle, pour la placer dans des conditions de vente plus favorables ; tandis que, au contraire, la Compagnie avait intérêt à faire un camionnage pour lequel elle était payée, afin de s'attribuer une sorte de monopole du transport à la halle, et d'éviter ainsi les dépenses d'un local et d'un personnel que rendraient nécessaires les remises à faire aux réclamateurs de poisson qui viendraient prendre leurs marchandises en gare.

18 janvier 1854, jugement du tribunal de commerce de la Seine qui, statuant sur cette contestation, donne gain de cause au sieur Rauch en ces termes :

« En ce qui touche la demande de Rauch de prendre livraison de sa mar-
» chandise en gare, au paiement de 91 fr. les 1,000 kilogrammes :

» Attendu que la Compagnie du chemin de fer ne saurait imposer à Rauch
» la condition de faire transporter sa marchandise de Dunkerque à la halle de
» Paris ;

» Qu'en effet, Rauch ne peut être privé du droit qui appartient à tout expé-
» diteur de prendre livraison de sa marchandise en gare ;
» Qu'il fait offre du prix payé par les expéditeurs de marchandises de même
» nature, en exonérant la Compagnie des frais de camionnage;
» Que, dès-lors, la résistance de la Compagnie sur ce chef de demande n'est
» pas justifiée... »

Appel par la Compagnie ; et, le 10 mai 1855, arrêt de la Cour impériale de Paris, qui infirme en ces termes :

« Considérant que Rauch ne réclame point l'exécution du traité spécial qu'il
» a fait avec le chemin de fer du Nord pour transporter de Dunkerque à Paris
» la marchandise, objet de son commerce ;
» Que sa demande a pour objet de profiter de la réduction du prix consentie
» par la Compagnie à d'autres négociants exerçant le même commerce ;
» Que cette prétention n'est que l'application des règles imposées à la Com-
» pagnie par son cahier des charges, et même de stipulations faites directe-
» ment avec Rauch ; mais qu'il ne peut se faire une autre position que celle des
» négociants auxquels il entend être assimilé ; qu'en participant aux avantages
» qui lui ont été concédés, il doit être soumis aux mêmes obligations ;
» Qu'il est libre, en effet, à la Compagnie d'apposer aux traités qu'elle fait,
» dans les limites des tarifs, les conditions qu'elle juge conformes à la meilleure
» exploitation de son industrie, si ces conditions ne nuisent point à l'intérêt des
» tiers ;
» Que la stipulation contestée par Rauch ne semble point offrir ce dernier
» caractère ; qu'elle a reçu l'assentiment de l'autorité supérieure ; qu'ainsi c'est
» à tort que Rauch refuse d'exécuter en entier les stipulations dont il réclame
» le bénéfice ;

» Par ces motifs, etc. »

Pourvoi en cassation par le sieur Rauch, pour violation des art. 1134, Code Nap., 14 de la loi du 15 juillet 1845, 46 et 47 du cahier des charges annexé à cette loi : 1° en ce que l'arrêt attaqué a subordonné les droits du sieur Rauch, à l'abandon de la faculté de camionnage que les articles précités assurent dans tous les cas aux expéditeurs ; 2° en ce que le même arrêt a considéré la condition de transport à la halle comme obligatoire pour les expéditeurs ayant droit aux avantages stipulés dans le traité fait avec la dame Battez, bien que ce transport ne constituât qu'une destination particulière en dehors de la sphère d'activité assignée à la Compagnie.

ARRÊT.

« La Cour,

» Sur la première branche du moyen tiré de la violation des art. 1134, Code » Nap., 14 de la loi du 16 juillet 1845, 46 et 47 du cahier des charges annexé » à cette loi :

» Attendu que la Compagnie du chemin de fer du Nord et les expéditeurs de » marchandises ont, aux termes de l'art. 46 du cahier des charges annexé à » la loi du 15 juillet 1845, la faculté de faire, pour le camionnage, des arran- » gements, avec l'approbation de l'administration supérieure; qu'ainsi stipulés » et approuvés, ces arrangements font partie des conventions générales du » transport;

» Que si, aux termes de l'art. 14 de ladite loi, rappelé dans l'art. 17 du » cahier des charges, la Compagnie est obligée de consentir à tout expéditeur » les avantages ou conditions concédés à l'un d'eux, il n'y a pas de raison de » distinguer entre les conditions qui concernent le trajet de la voie de fer et » celles qui concernent le parcours par camionnage; et qu'ainsi l'expéditeur » qui invoque le bénéfice des conditions relatives à la voie de fer concédées à » un autre expéditeur ne peut se refuser à accepter celles relatives au camion- » nage qui font partie du traité;

» Sur la deuxième branche du moyen :

» Attendu que des motifs ci-dessus énoncés il résulte que si l'objet et le but » spécial des opérations d'une Compagnie de chemin de fer sont l'établissement » du service du trajet de la voie de fer, il n'en est pas moins certain qu'elle a, » aux termes des articles précités, la faculté de traiter pour le trajet par ca- » mionnage accessoire au trajet principal, sous la surveillance et l'autorisation » de l'administration supérieure, ce qui sauvegarde tous les intérêts;

» Qu'ainsi la distinction opposée par le pourvoi est inadmissible;

» Attendu qu'il est constaté, en fait, par l'arrêt attaqué, que Rauch, ayant » réclamé de la Compagnie les conditions accordées par celle-ci à la veuve Battez » pour le transport des ballots de Dunkerque à la gare de Paris, a prétendu » ne pas être obligé de subir les conditions relatives au camionnage faites avec » ladite veuve;

» Que l'arrêt, en déclarant cette prétention mal fondée, loin de violer les » dispositions de la loi et celles du cahier des charges, en a fait une saine in- » terprétation; rejette, etc. »

Du 12 décembre 1855. — Ch. req. *Prés.*, M. Jaubert, doyen d'âge. — *Rapp.*, M. Poultier. — *Concl.*, M. de Marnas, av. gén. — *Pl.* Me Mathieu-Bodet.

III

AFFAIRE CONTET-MUIRON ET DELARSILLE CONTRE LA COMPAGNIE DU CHEMIN DE FER DU NORD.

ROULAGE ET COMMISSION.

Refus de payer le prix fixé par le tarif homologué — fondé sur un traité particulier — nonobstant la différence des conditions en ce qui touche l'engagement de fournir un minimum de tonnage (1).

Jugement du tribunal de commerce de la Seine du 31 janvier 1855. — Arrêt de la Cour de Paris du 20 février 1856. — Arrêt de la Cour de cassation du 22 février 1858. — Arrêt de la Cour impériale de Rouen (Cour de renvoi) du 15 décembre 1859.

Les traités faits par les Compagnies de chemins de fer avec des entrepreneurs de transport, dans le but de leur assurer, moyennant des conditions déterminées, certains avantages ou certaines réductions de tarifs, sont soumis seulement à une communication préalable à l'administration supérieure, et non à une autorisation spéciale de sa part, lorsque le bénéfice en est mis à la disposition des entreprises rivales; l'autorisation n'est nécessaire qu'aux traités destinés à rester exclusifs.

Le juge du fait considère à tort comme un traité exclusif, celui qu'il reconnaît lui-même avoir été mis à la disposition des autres entreprises de transport, lors même qu'il déclarerait que les conditions imposées par le traité, en échange des avantages concédés par le chemin de fer, ne seraient accessibles qu'aux grandes entreprises.

MM. Contet-Muiron et Delarsille possèdent à Reims de fortes maisons de roulage, notamment pour le transport des vins et tissus et de la ferronnerie des Ardennes.

La Compagnie du chemin de fer du Nord a établi à Reims, comme son agent pour le roulage entre cette ville et Tergnier, station dépendant de la ligne du Nord, un sieur Luzzani.

En 1853, un traité unit les deux Compagnies des chemins de fer de l'Est et du Nord; par ce traité, M. Luzzani s'engagea à n'effectuer que par les chemins de fer du Nord et de l'Est le transport de toutes ses marchandises en des-

(1) Extrait de la *Gazette des Tribunaux* du 17 mars 1858.

tination du Nord, moyennant des prix réduits et, toutefois, avec cette clause qu'il paierait d'abord le tarif ordinaire et que la différence lui serait bonifiée mensuellement.

Les plaintes de MM. Contet-Muiron et Delarsille sur le fait de cette concurrence et leur prétention d'obtenir des avantages égaux n'ayant pas été accueillies, ils ont fait assigner la Compagnie du chemin de fer du Nord en paiement de 60,000 francs pour chacun d'eux, pour raison du préjudice qu'ils en avaient éprouvé. Mais le tribunal de commerce de Paris a rejeté cette demande par un jugement du 31 janvier 1855, dont voici les motifs :

« Attendu que les demandeurs accusent la Compagnie du chemin de fer du » Nord de leur avoir fait une concurrence déloyale et lui réclament chacun, » pour ce fait, 60,000 francs de dommages-intérêts ;

» Qu'ils basent leur instance contre ladite Compagnie sur l'organisation des » services en dehors de son parcours, sur des conventions faites avec des tiers, » et qu'elle leur aurait refusées, sur des réductions faites à des négociants et » sur la mise en œuvre de tarifs non encore homologués ;

» Attendu que l'organisation de service, en dehors de leur parcours, » n'est pas interdite aux Compagnies des chemins de fer, pourvu que les » avantages concédés à une autre entreprise soient à la disposition de toutes » les autres ;

» Qu'il en est de même pour les réductions de tarifs ; qu'en fait, les deman- » deurs ont été mis à même de profiter de tous les avantages faits à leurs con- » currents, comme au commerce ; que la mise en œuvre d'un tarif non encore » homologué, quoique autorisé, ne saurait donner lieu à un blâme, puisqu'elle » profite à tous, et qu'elle a eu lieu à une autre époque au profit des deman- » deurs, sans qu'ils aient élevé alors la moindre réclamation ; qu'en rapport » journalier avec le chemin de fer du Nord, de 1849 jusqu'en fin de 1853, il » ne leur est pas venu la pensée, pendant ces cinq ans, de se plaindre de faits » qui étaient à leur parfaite connaissance ; que c'est seulement quand, par » l'accord des deux lignes, le Nord et Strasbourg, ils ont perdu les avan- » tages attachés à leur agence avec cette dernière, qu'ils ont imaginé l'instance » actuelle ;

» Qu'il est bien constant que l'établissement du chemin de fer a dû nuire » singulièrement à l'industrie des demandeurs, mais qu'ils ne justifient nulle- » ment de manœuvres déloyales employées par le chemin de fer du Nord pour » leur faire concurrence ;

» Déclare Delarsille père et fils et Contet-Muiron mal fondés en leurs de- » mandes, les en déboute. »

La Cour impériale de Paris a rendu sur cette affaire l'arrêt suivant, à la date du 20 février 1856 :

« En ce qui touche la fin de non-recevoir :

» Considérant que les appelants devant la Cour, comme devant les premiers » juges, réclament chacun 60,000 francs de dommages-intérêts ; qu'ils expliquent » dans les conclusions par eux prises en appel qu'un des éléments de ces dom- » mages-intérêts se compose de la restitution de taxes indûment perçues, » mais qu'ils demandent en même temps que les restitutions qui seraient » ordonnées par la Cour se confondent avec les dommages-intérêts ; que, par » conséquent, ces conclusions ne constituent pas une demande nouvelle ni plus » simple ;

» Au fond :

» Considérant que la demande des appelants repose sur deux griefs prin- » paux :

» 1° Organisation par la Compagnie du chemin de fer du Nord de services de » transports en dehors de sa ligne ;

» 2° Exécution illicite d'arrangements faits par ladite Compagnie avec d'autres » entrepreneurs de transports.

» En ce qui touche le premier grief :

» Considérant que la faculté d'entreprendre ou d'organiser des services de » transports a été interdite au chemin de fer d'Orléans par l'article 5 de » la loi spéciale du 7 juillet 1838, mais que cette interdiction n'a pas été » reproduite dans la loi du 26 juillet 1844, spéciale au chemin de fer du » Nord ;

» Que les services entrepris ou organisés par la Compagnie intimée ne » pourraient motiver l'action des appelants qu'autant qu'il en résulterait une » infraction au cahier des charges, ce qui rentre dans l'appréciation du deuxième » grief ;

» En ce qui touche le deuxième grief :

» Considérant que l'égalité dans l'application des tarifs est un principe d'in- » térêt général et d'ordre public, et la condition sous laquelle les concessions » de chemins de fer sont accordées ; condition reproduite expressément dans » le cahier des charges de la Compagnie du Nord ;

» Considérant que la Compagnie est tenue de percevoir les taxes de tous les » expéditeurs indistinctement et sans aucune faveur ; que si elle accorde à un » ou plusieurs expéditeurs une réduction sur l'un des prix portés au tarif,

» elle est tenue, avant de la mettre à exécution, d'en donner connaissance à » l'administration, laquelle a le droit de déclarer la réduction, une fois con- » sentie, obligatoire vis-à-vis de tous les expéditeurs, et, par conséquent, » soumise, comme le tarif lui-même, à une certaine durée pendant laquelle » elle ne peut être relevée;

» Considérant que cette disposition qui confère au gouvernement le droit de » prendre une mesure générale, même en l'absence de toute plainte ou récla- » mation des intérêts privés, est indépendante de l'action des particuliers;

» Que si le gouvernement n'use pas de ce droit ou en use tardivement, l'ex- » péditeur lésé par une réduction accordée à un autre n'en a pas moins contre » la Compagnie du chemin de fer une action en réparation du préjudice causé » par l'infraction au principe d'égalité;

» Considérant que pour ce qui concerne spécialement les entreprises de » transports par terre ou par eau, il est interdit en principe à la Compagnie » de faire directement ou indirectement avec des entrepreneurs de trans- » port des arrangements qui ne seraient pas consentis en faveur de toutes les » entreprises desservant les mêmes routes;

» Que les traités contenant des avantages exceptionnels ne peuvent être va- » lablement exécutés à moins d'une autorisation spéciale de l'administration » publique; que cette autorisation doit être non-seulement spéciale, mais préa- » lable à l'exécution; qu'il ne suffit donc pas que le traité de faveur ait été » communiqué à l'autorité administrative ou ratifié par elle après son exé- » cution;

» Considérant qu'il résulte des documents produits, des présomptions graves, » précises et concordantes, établissant que par l'exécution du traité du 7 dé- » cembre 1853, la Compagnie a fait à Luzzani, entrepreneur de roulage à » Reims, des avantages particuliers au moyen de détaxes et de déclassement » de marchandises, avantages qui le mettaient à même d'effectuer certains » transports à des prix inférieurs à ceux par lui ostensiblement payés au che- » min de fer;

» Considérant qu'il est constant en fait que les arrangements exceptionnels » consentis en faveur de Luzzani n'ont jamais été autorisés par l'administration » publique; que la simple communication donnée au ministre et suivie d'un » accusé de réception est une violation flagrante de la disposition du cahier des » charges qui exige une autorisation formelle, spéciale et préalable;

» Considérant que vainement opposerait-on que les appelants auraient pu » obtenir les mêmes conditions en garantissant à la Compagnie un certain ton- » nage; que cette garantie de tonnage créerait une inégalité contraire à la lettre

» comme à l'esprit de la loi, puisque les entrepreneurs les plus puissants se- » raient seuls admis à obtenir certaines conditions de faveur, et que les plus » faibles seraient, par la nécessité des choses, privés de cet avantage;

» Considérant que l'exécution illicite du traité Luzzani a occasionné, par le » fait des intimés, une concurrence déloyale au préjudice des appelants et leur » a causé un dommage dont il leur est dû réparation ; que la Cour possède » dès à présent des éléments suffisants d'appréciation ;

» En ce qui touche les autres griefs allégués par les appelants, et notamment » ceux qui résulteraient des avantages particuliers faits à Luzzani antérieure- » ment au traité du 7 décembre 1853 :

» Attendu qu'ils ne sont pas suffisamment justifiés ;

» A mis et met l'appellation et ce dont est appel au néant;

» Emendant et statuant par jugement nouveau, sans avoir égard à la fin de » non-recevoir, laquelle est rejetée,

» Condamne la Compagnie du chemin de fer du Nord à payer à Contet- » Muiron la somme de 10,000 francs, et à Delarsille père et fils la somme de » 10,000 francs, à titre de dommages-intérêts ;

» Déboute les appelants du surplus de leurs demandes, fins et conclusions;

» Ordonne la restitution de l'amende ;

» Condamne la Compagnie du chemin de fer du Nord aux dépens. »

Un pourvoi ayant été formé par la Compagnie du chemin de fer du Nord, la Cour de cassation a rendu, le 22 février 1858, l'arrêt suivant :

« Vu l'art. 14 de la loi du 15 juillet 1845 et les art, 41, § 10, et 47 du ca- » hier des charges annexé à ladite loi ;

» Attendu que l'art. 14 de la loi de concession du chemin de fer du Nord, » du 15 juillet 1845, reproduit dans l'art. 47 du cahier des charges annexé » à cette loi, n'a interdit à la Compagnie de faire, sans une autorisation spé- » ciale de l'administration supérieure, des arrangements ou traités avec des » entreprises de transport par les voies de terre ou d'eau qui aboutissent au » chemin de fer, qu'autant que ces arrangements ne seraient pas également » consentis en faveur de toutes les autres entreprises desservant les mêmes » routes ;

» Attendu que l'art. 41, § 10, du même cahier des charges, statuant plus » spécialement sur les arrangements ou traités qui auraient pour objet d'accor- » der une réduction des prix déterminés par le tarif du chemin de fer à des » expéditeurs, entrepreneurs de transports ou autres, sous certaines conditions » de chargement, n'a point interdit ces arrangements comme contraires au » principe de l'égalité dans la perception des taxes, qui demeure sans atteinte,

» pourvu que tous les expéditeurs puissent obtenir les mêmes avantages aux » mêmes conditions ;

» Attendu que ces arrangements ou traités relatifs à des réductions des prix » de transport sur la voie ferrée n'ont point été assujettis par la loi de concession du chemin de fer du Nord, ni par le cahier des charges y annexé, à » une autorisation de l'administration supérieure ; que, seulement, aux termes de » l'art. 41, § 10, de ce cahier des charges, ils doivent être communiqués avant » leur exécution au ministre des travaux publics, qui conserve le pouvoir de » déclarer les réductions ainsi consenties obligatoires sans conditions vis-à-» vis de tous expéditeurs ; mais que cette réduction des taxes sans condition, loin d'avoir lieu de plein droit, par l'effet de la loi, et de pouvoir être » réclamée à ce titre par tout expéditeur, ne constitue que l'exercice d'une » faculté réservée, pour en user au besoin, à l'autorité administrative, à laquelle » il appartient d'apprécier, dans leurs éléments complexes, les intérêts de l'industrie et du commerce, et, par ce motif, de présider à tous les changements » de tarifs des chemins de fer ;

» Et attendu, en fait, qu'il résulte de l'arrêt attaqué que les arrangements » consentis par la Compagnie du chemin de fer en faveur de Luzzani ont été » communiqués au ministre, qui a accusé réception du traité, et qui n'a point » usé du droit de déclarer les réductions de taxes ainsi consenties obligatoires » sans conditions vis-à-vis de tous expéditeurs ;

» Attendu, en outre, que l'arrêt attaqué, loin de contredire le fait constaté » par le jugement de première instance, « que les défendeurs avaient été mis » à même de profiter de tous les avantages faits à leurs concurrents comme » au commerce, » a reconnu implicitement ce fait, en se bornant à objecter » d'une manière générale que la condition de garantir à la Compagnie un certain tonnage pour obtenir ces réductions, créerait au profit des entrepreneurs les plus puissants, et au préjudice des plus faibles, une inégalité contraire au texte et à l'esprit de la loi ;

» Mais attendu qu'il n'appartenait qu'à l'autorité administrative d'apprécier » sous ces rapports les exigences de l'intérêt général, et de décider s'il y » avait lieu de déclarer les réductions des taxes obligatoires sans conditions ;

» Attendu qu'une pareille mesure n'ayant point été prise par l'autorité compétente, les défendeurs étaient sans droit pour exiger de la Compagnie ces » réductions sans remplir les conditions auxquelles elles étaient subordonnées » par les traités, et qu'ayant refusé d'y accéder, ils étaient sujets à l'application » du tarif ordinaire, application qui ne pouvait conséquemment devenir le » principe d'une action en dommages-intérêts contre la Compagnie ;

» Attendu qu'en jugeant le contraire et en condamnant, dans ces cir-» constances, la Compagnie du chemin de fer du Nord à payer la somme de » 10,000 francs, à titre de dommages-intérêts, à Contet-Muiron, et pareille » somme, au même titre, à Delarsille père et fils, la Cour impériale de Paris » a violé les articles de la loi susvisés,

» Par ces motifs, casse l'arrêt rendu, le 18 février 1856, par la Cour im-» périale de Paris, etc. »

La Cour a renvoyé les parties devant la Cour impériale de Rouen.

Un arrêt confirmatif du jugement, du 31 janvier 1855, a été rendu en audience solennelle, en exécution de l'arrêt de la Cour de cassation, le 15 décembre 1859 ; il est ainsi conçu :

ARRÊT.

« Sur le premier moyen, tiré de ce que la Compagnie du chemin de fer du » Nord aurait concédé, tant à des tiers qu'à Luzzani, des avantages particuliers » refusés par elle à Contet-Muiron et Delarsille-Fassin, contrairement à l'obli-» gation du maintien de l'égalité entre tous les expéditeurs que lui impose le » cahier des charges :

» Attendu, en droit, que l'art. 41, § 10, du cahier des charges, annexé à la » loi de concession du chemin de fer du Nord, en date du 15 juillet 1845, n'a » point interdit, comme contraire au principe de l'égalité dans la perception des » taxes, les arrangements ou traités qui auraient pour objet d'accorder une ré-» duction des prix déterminés par le tarif du chemin de fer à des expéditeurs » sous certaines conditions de chargement, pourvu que tous les expéditeurs » puissent obtenir les mêmes avantages aux mêmes conditions ;

» Attendu que ni la loi de concession, ni le cahier des charges y annexé, n'a » assujetti ces arrangements ou traités à l'autorisation de l'administration supé-» rieure ; que s'ils doivent être communiqués au ministre des travaux publics » avant d'être mis à exécution, cette obligation une fois remplie, les réductions » de taxe qu'ils accordent ne peuvent être réclamées par d'autres expéditeurs » qu'aux mêmes conditions, tant que l'autorité administrative n'a pas déclaré, » comme elle en a le droit, les réductions ainsi consenties obligatoires, même » sans condition, vis-à-vis de tous les expéditeurs ;

» Attendu, en fait, que les arrangements consentis par la Compagnie du che-» min de fer du Nord en faveur de Luzzani et autres, ont été communiqués au » ministre, qui en a accusé réception et n'a pas usé de son droit de déclarer les » réductions de taxes ainsi consenties obligatoires sans conditions vis-à-vis de » tous les expéditeurs ;

» Attendu que, ainsi que l'ont constaté les premiers juges, Contet-Muiron e
» Delarsille-Fassin ont été mis à même de profiter de tous les avantages faits aux
» divers expéditeurs, aussi bien qu'à Luzzani, et qu'ils ne justifient pas du refus
» qu'ils auraient éprouvé d'obtenir les mêmes avantages aux mêmes conditions ;
» qu'ils ne justifient pas non plus qu'il leur ait été imposé des conditions de ton-
» nage ou autres analogues qui, suivant eux, porteraient atteinte au principe de
» l'égalité ou à l'intérêt du commerce, et que, notamment, les arrangements
» pris avec Luzzani ne contenaient que la condition de livrer tous ses trans-
» ports au chemin de fer, stipulation dont leurs conclusions reconnaissent for-
» mellement la légalité.

» Sur le deuxième moyen tiré de ce que le traité fait avec Luzzani, en tant
» qu'entrepreneur de transports, devait être soumis à l'autorisation préalable
» du ministre, qui ne peut être remplacée par un simple accusé de réception
» du traité :

» Attendu, en droit, que l'art. 14 de la loi de concession prédatée, reproduit
» dans l'art. 47 du cahier des charges annexé à cette loi, n'a interdit à la Com-
» pagnie de faire, sans une autorisation spéciale de l'administration supérieure,
» des arrangements ou traités avec des entreprises de transports par les voies
» de terre ou d'eau aboutissant au chemin de fer, qu'autant que ces arran-
» gements ou traités ne seraient pas également consentis en faveur de toutes les
» autres entreprises desservant les mêmes routes ; que l'organisation de services,
» en dehors de leur parcours, n'est pas davantage interdit aux Compagnies de
» chemin de fer, pourvu que les avantages qu'elles établiraient en faveur d'une
» entreprise de cette nature soient également à la disposition de toutes les
» autres ;

» Attendu que les principes posés ci-dessus relativement aux traités particuliers
» avec les expéditeurs s'appliquent également à ceux faits avec les entrepreneurs
» de transports, ces arrangements n'ayant, pas plus que les autres, besoin d'une
» autorisation spéciale et préalable avant leur exécution, qui peut avoir lieu
» après leur communication préalable au ministre des travaux publcs ; qu'il
» suffit aux uns comme aux autres d'être placés sous les yeux de l'autorité supé-
» rieure, pour être à même d'en déclarer, si elle le juge convenable, l'applica-
» tion obligatoire, même sans conditions, envers tous ceux qui en voudront pro-
» fiter, et que, jusqu'à cette déclaration, ces arrangements sont exécutoires,
» mais seulement soumis à la nécessité d'une parfaite égalité de conditions vis-
» à-vis de tous ceux qui en réclameront l'application ;

» Attendu qu'il y a lieu d'appliquer à cette partie de la cause des déclarations
» de fait analogues à celle que contient le présent arrêt relativement aux
» traités particuliers avec certains expéditeurs, savoir : sur la communication

» qui en a été donnée au ministre, sur son abstention du droit d'en rendre » l'application commune à tous sans condition ; sur la connaissance qu'en ont » eue les appelants, sur le défaut de justification du refus qu'ils auraient » éprouvé d'en obtenir l'application pour eux-mêmes et sur l'absence de con- » ditions illicites apposées à ce traité ;

» Attendu en outre que le traité Luzzani a si peu le caractère de traité exclusif » qui lui a été attribué par les appelants, que la résiliation en est stipulée pour » le cas prévu où le ministre le rendrait obligatoire envers tous les autres, mais » sans condition; que cette stipulation le fait rentrer évidemment dans la » classe des traités particuliers autorisés par l'art. 41, § 10, du cahier des » charges, et à l'égard desquels les motifs donnés ci-dessus s'expliquent suf- » fisamment ;

» Attendu, sur les deux moyens proposés, que dès lors qu'il est reconnu » que la Compagnie du chemin de fer du Nord n'a fait qu'user de son droit et n'a » commis aucune infraction à son cahier des charges, l'action en dommages- » intérêts des appelants ne peut être accueillie, puisqu'elle ne repose ni sur » la violation du contrat intervenu entre eux et la Compagnie, ni sur aucun » fait qui, étant dommageable, procède d'une faute imputable à l'intimé ;

» Attendu que cette solution sur le fond rend sans objet l'examen de la fin » de non-recevoir proposée par la Compagnie du chemin de fer du Nord, rela- » tivement aux dommages-intérêts autres que ceux provenant de l'exécution » du traité Luzzani, du 7 décembre 1853 ;

» Attendu que la partie qui succombe doit être condamnée aux dépens ;

» Par ces motifs, la Cour statuant en exécution de l'arrêt de la Cour de » cassation, du 22 février 1858, et par un seul et même arrêt sur les appels » interjetés par Contet-Muiron et Delarsille-Fassin, d'un jugement du 31 jan- » vier 1855, appels préalablement déclarés joints, sans qu'il soit besoin de » s'occuper de la fin de non-recevoir élevée par l'intimée sur une partie de » la cause, a mis et met l'appellation au néant, ordonne que ce dont est appel » sortira effet, et condamne les appelants à l'amende et aux dépens de leurs » appels, y compris ceux faits devant la Cour impériale de Paris. »

IV

AFFAIRE VASSE CONTRE LA COMPAGNIE DU CHEMIN DE FER DE L'OUEST.

TRANSPORT DE BOIS DE CONSTRUCTION.

Refus de payer le prix fixé par le tarif homologué — fondé sur un traité particulier — nonobstant la différence des conditions en ce qui touche l'engagement de fournir un minimum de tonnage.

Jugement du tribunal de commerce de Rouen, du 8 octobre 1855. — Arrêt de la Cour impériale de Rouen, du 24 juin 1856. — Arrêt de la Cour de cassation, du 28 décembre 1857.

Une Compagnie de chemin de fer qui a le droit, aux termes de sa loi de concession, de faire des traités particuliers avec un ou plusieurs expéditeurs et de leur accorder une réduction sur l'un des prix portés aux tarifs, droit qui se concilie parfaitement avec l'obligation de percevoir les taxes indistinctement et sans aucune faveur, puisqu'il appartient à tout expéditeur qui n'aurait pas figuré au traité d'en réclamer les avantages, en se soumettant aux conditions qui en sont la compensation, ne peut être tenue à admettre au bénéfice du traité passé avec un tiers, le demandeur qui n'offre pas de se soumettre aux conditions dudit traité (1).

Une demande en restitution a été formée contre la Compagnie des chemins de fer de l'Ouest par M. Vasse, constructeur de navires au Havre, qui expédiait des bois de Rouen au Havre, à raison de 10 fr. 40 c. la tonne, tandis qu'un autre constructeur du Havre ne payait que 4 fr. 55 c. par tonne.

En réponse à cette réclamation, la Compagnie allègue que le prix de 10 fr. était conforme au tarif homologué par le ministre; que le constructeur qui avait obtenu une réduction de 5 fr. 85 c. par tonne s'était engagé à faire transporter 750 tonnes, et que s'il voulait prendre le même engagement, il serait traité sur le même pied.

(1) Extrait du *Journal des chemins de fer* du 1er novembre 1856.

M. Vasse ayant répondu qu'il n'avait pas un aussi grand nombre de marchandises à faire transporter, le tarif de 10 fr. 40 c. fut maintenu.

En conséquence, il a introduit une action en restitution de 5 fr. 85 c. par tonne, en s'appuyant sur une clause du cahier des charges qui interdit tout traité de faveur.

Le tribunal de commerce de Rouen, régulièrement saisi, lui donna gain de cause ; la Compagnie fut condamnée à lui solder la restitution demandée et 1,000 francs à titre de dommages-intérêts.

La Compagnie ayant interjeté appel, la Cour impériale de Rouen infirma le jugement, déchargea la Compagnie des condamnations prononcées, ordonna la restitution de l'amende, débouta et condamna M. Vasse aux dépens de première instance et d'appel.

Nous donnons le texte de cet arrêt.

ARRÊT.

« La Cour,

» Attendu qu'il résulte formellement de l'art. 35 de la loi de 1842, que la » Compagnie du chemin de fer a le droit de faire des traités particuliers avec » un ou plusieurs expéditeurs, et de leur accorder une réduction sur l'un des » prix portés aux tarifs; que ce droit se concilie parfaitement avec l'obligation » de percevoir les taxes indistinctement et sans aucune faveur, puisqu'il appar- » tient à tout expéditeur qui n'aurait pas figuré au traité d'en réclamer les avan- » tages en se soumettant aux conditions qui en sont la compensation et le prix;

» Attendu que Vasse ne demande pas à être admis au bénéfice du traité » passé avec Normand, et n'offre pas davantage d'en subir les conditions ; » qu'il demande la restitution de la somme par lui payée, aux termes du tarif » général, en tant qu'elle excède la somme payée par Normand, aux termes de » son traité particulier; qu'il réclame, en outre, des dommages-intérêts ;

» Sur la restitution :

» Attendu que Vasse a payé suivant le tarif, qui était sa loi, comme Normand, » suivant le traité, qui était la sienne ;

» Sur les dommages-intérêts :

» Attendu que Vasse ne justifie d'aucun dommage par lui éprouvé ;

» La Cour met l'appellation et ce dont est appel au néant; corrigeant et ré- » formant, décharge la Compagnie du chemin de fer des condamnations pro- » noncées contre elle par le tribunal de commerce de Rouen, déclare la de-

» mande de Vasse mal fondée, l'en déboute et le condamne aux dépens de » première instance et d'appel; ordonne la restitution de l'amende. »

Un pourvoi a été formé contre l'arrêt de la Cour impériale de Rouen.
Ce pourvoi a été rejeté par arrêt de la Cour de cassation du 28 décembre 1857.

« La Cour,

» Sur le moyen unique, pris de la violation de l'art. 35 de la loi du 15 juil- » let 1840, relative à la concession du chemin de fer de Paris à Rouen, de celle » de l'art. 35 du cahier des charges annexé à la loi du 11 juin 1842, relative » à la prolongation du chemin de fer de Rouen au Havre, et par suite de celle » des art. 1235 et 1382, du Code Napoléon :

» Attendu que si les lois de concession du chemin de fer de Paris à Rouen et » au Havre, en date des 15 juillet 1840 et 11 juin 1842, et les cahiers des » charges y annexés, ont déterminé le maximum des prix de transport que la » Compagnie ne pourrait dépasser, il n'a point été interdit à cette entreprise de » réduire ses prix au-dessous de cette limite légale par des arrangements ou » traités avec les expéditeurs qui, par l'importance et la régularité des charge- » ments assurés au chemin de fer, lui offraient la compensation des sacrifices » résultant de la modération des taxes;

» Que ces réductions, en faveur de certains expéditeurs, des prix portés » aux tarifs, sont même textuellement prévus dans l'art. 35 de la loi du » 15 juillet 1840 et dans l'art. 35 du cahier des charges annexé à la loi » du 11 juin 1842, qui réservent seulement à l'administration publique la » faculté de déclarer les réductions ainsi consenties obligatoires vis-à-vis de » tous autres expéditeurs ;

» Attendu que les lois de 1840 et de 1842 n'ont point considéré cette liberté » limitée des conventions qu'elles laissent à la Compagnie du chemin de fer » en vue de faciliter la modération des tarifs, comme incompatible avec le prin- » cipe de l'égalité dans la perception des taxes qu'elles proclamaient dans les » mêmes articles ;

» Qu'en effet ce principe reste sans atteinte, pourvu que tous les expéditeurs » puissent obtenir les mêmes avantages aux mêmes conditions ;

» Attendu qu'il n'avait point échappé aux auteurs des lois de 1840 et de 1842 » que la liberté pour la Compagnie de consentir des réductions par des traités » particuliers pourrait avoir des inconvénients et entraîner des abus; mais qu'ils » ont cru trouver le moyen d'y remédier dans le pouvoir de déclarer les réduc- » tions ainsi consenties obligatoires sans conditions vis-à-vis de tous les expé-

» diteurs, mesure facultative qui n'aurait pas lieu de plein droit et dont le bé-
» néfice ne pourrait être revendiqué à ce titre, mais qui serait réservée, pour
» en user au besoin, à l'autorité administrative à laquelle il appartient d'appré-
» cier dans ses éléments complexes l'intérêt général du pays, et par ce motif
» de présider à tous les changements de tarifs des chemins de fer ;

» Et attendu en fait qu'il est constaté, par l'arrêt attaqué, que le traité par
» lequel la Compagnie du chemin de fer avait accordé des réductions de prix
» sous certaines conditions, à Normand, avait été communiqué au ministre des
» travaux publics, qui en avait accusé réception, et s'était seulement réservé le
» pouvoir de déclarer les réductions, ainsi consenties, obligatoires vis-à-vis de
» tous autres expéditeurs, si l'intérêt général l'exigeait ;

» Qu'il est également constaté, par l'arrêt attaqué, que Vasse n'a point de-
» mandé à être admis au bénéfice du traité passé avec Normand, en se soumet-
» tant à des conditions analogues ; mais qu'il a prétendu avoir droit, sans con-
» dition, aux mêmes réductions de prix ;

» Qu'en jugeant, au contraire, que Vasse avait dû payer suivant le tarif géné-
» ral, qui lui était seul applicable dans les circonstances de la cause, et qu'en
» conséquence il n'était fondé ni dans son action en répétition, ni dans sa de-
» mande en dommages-intérêts, l'arrêt attaqué n'a violé ni les lois des 15 juillet
» 1840 et 11 juin 1842, ni les art. 1235 et 1382 Code Nap. ;

» Par ces motifs, rejette. »

V.

AFFAIRES DEPEAUX CONTRE LA COMPAGNIE DU CHEMIN DE FER DE L'OUEST.

TRANSPORT DE HOUILLE.

Refus de payer le prix fixé par le tarif homologué — fondé sur un traité particulier — nonobstant la différence des conditions en ce qui touche l'engagement de fournir un minimum de tonnage.

Jugement du tribunal de commerce de Rouen, du 14 mai 1856. — Arrêt de la Cour de Rouen, du 26 avril 1857. — Arrêt de la Cour de cassation du 28 décembre 1857.

Les Compagnies de chemin de fer peuvent, par des traités particuliers avec des expéditeurs, accorder, sous certaines conditions, des réductions de prix, sans que ces réductions soient acquises de plein droit aux autres expéditeurs : ceux-ci ne peuvent s'en prévaloir qu'autant qu'elles ont été généralisées par l'administration supérieure ou qu'ils ont demandé à la Compagnie à être admis à jouir des mêmes réductions en se soumettant à des conditions analogues.

MM. Depeaux frères, négociants à Rouen, avaient assigné la Compagnie des chemins de fer de l'Ouest devant le tribunal de commerce de Rouen pour obtenir le remboursement d'une somme de 604 fr. 37 c. et le paiement de 10,000 francs de dommages-intérêts. Ils prétendaient que depuis le 17 janvier 1856 ils avaient payé pour le transport de houille, à raison de 6 francs par tonne pour Rouen, et de 7 fr. 30 c. pour Maromme, tandis que, par des traités particuliers consentis à des concurrents, la Compagnie n'avait perçu et ne percevait habituellement qu'un chiffre de 4 francs par tonne aux mêmes stations; que la différence entre ces prix formait la somme de 604 fr. 37 c., par eux réclamée; que la Compagnie de l'Ouest devait être tenue de cette restitution, attendu que si, aux termes de la loi de concession, elle était libre d'abaisser les tarifs en faveur de qui bon lui semblait, ce n'était qu'à la condition de faire profiter tous les transports similaires de la même faveur, qui devenait en ce cas un droit pour tous.

Ce système avait été admis par le tribunal de commerce de Rouen. Par jugement du 14 mai 1856, la Compagnie de l'Ouest avait été condamnée à rembourser aux sieurs Depeaux la somme de 604 fr. 37 c. ; à leur payer 6,000 francs pour le préjudice à eux causé par le fait de ladite Compagnie, et en violation des lois et cahiers des charges qui la régissent, et, en outre, injonction lui était faite, sous une contrainte de 500 fr. pour chaque fait d'infraction constaté, laquelle, « à défaut d'exécution, vertirait en condamnation définitive au profit des » demandeurs, *de recevoir à l'avenir et transporter sans condition, ni de* » *quantité ni d'exclusion, toutes marchandises qu'à cet effet MM. Depeaux* » *auraient à lui livrer*, et ce, aux conditions de prix les mêmes et les plus » favorables, détaxe comprise, s'il y avait lieu, que celles souscrites à » MM. Grandchamp, Couillard ou tous autres ; tenue qu'elle serait encore, » ladite Compagnie, de mettre à la disposition des sieurs Depeaux les mêmes » et identiques moyens de transport, un nombre de wagons toujours proportionnel et sans tour de faveur, et enfin les mêmes commodités et facilités » de chargement, de déchargement et d'accès sous les gares. »

La Compagnie de l'Ouest avait interjeté appel de ce jugement.

Devant la Cour, on soutenait, dans l'intérêt de MM. Depeaux frères, qu'aux termes de l'art. 35 du cahier des charges annexé à la loi de concession du 11 juin 1842, les tarifs devaient être appliqués à tous d'une manière uniforme *par kilomètre et par tonne* ; que les traités particuliers étaient des actes de simple tolérance de la part de l'administration, sauf les droits et les intérêts des tiers lésés par ces actes ; que la dernière partie de cet article, dans laquelle la Compagnie prétendait trouver son droit de faire des traités particuliers sous la surveillance de l'autorité supérieure, renfermait au contraire une pénalité pour le cas où la Compagnie violerait le principe d'égalité qui lui était imposé par ledit article : que le silence de l'administration, qui ne jugeait pas le moment venu de rendre la réduction obligatoire pour tous, sans condition, dans l'intérêt général, n'enlevait rien aux droits qu'avaient les tiers de poursuivre la réparation du préjudice à eux causé par une inégalité dans la perception des tarifs.

On ajoutait, comme second moyen non plaidé en première instance, que la Compagnie de l'Ouest devait être encore condamnée à une restitution de 546 fr. 78 c. envers MM. Depeaux frères pour perceptions contraires à son propre tarif, notamment pour la perception de 1 fr. 50 c. par tonne pour chargement et déchargement, tandis que ces opérations avaient été faites par MM. Depeaux.

Dans l'intérêt de la Compagnie, on répondait que l'art. 35 du cahier des charges annexé à la loi du 16 juin 1842. donnait le droit à la Compagnie de faire, avec différents expéditeurs, des traités particuliers; que ces traités, portés à la connaissance du ministre des travaux publics, pouvaient s'exécuter tant que le ministre n'y formait pas opposition; que le principe d'égalité se trouvait sauvegardé dès lors que la Compagnie offrait à tous de profiter de la réduction accordée à quelques-uns sur le tarif, pourvu qu'ils consentissent à se soumettre aux conditions accessoires des traités qui constituaient de véritables charges et entraient dans la composition du prix. — En ce qui touche la demande en paiement de 546 fr. 78 c., on soutenait que cette demande était une demande nouvelle, dès-lors non recevable. Au fond, on ajoutait que la Compagnie permettait, par tolérance, aux expéditeurs, de faire le chargement et le déchargement, pour la conservation de leurs marchandises; que, du reste, le prix de transport fixé au tarif était acquis en entier à la Compagnie, dès qu'elle avait transporté la marchandise; que les tiers n'avaient pas le droit de décomposer les éléments du prix porté au tarif; que les 1 fr. 50 c. portés au tarif pour chargement et déchargement ne représentaient pas seulement l'indemnité due pour charger les marchandises sur un wagon et les décharger; que l'indemnité pour le pesage des wagons, les mouvements, les frais de gare entraient dans ce chiffre de 1 fr. 50 c.; qu'enfin les expéditeurs ne pouvaient forcer la Compagnie à leur laisser faire le chargement et le déchargement de leurs marchandises.

Sur cet appel la Cour impériale de Rouen avait rendu, le 26 avril 1857, l'arrêt infirmatif suivant :

» Sur la demande à fin de restitution de 546 fr. 78 c. : attendu qu'aux » termes de l'exploit introductif d'instance, Depeaux frères n'ont assigné la » Compagnie anonyme du chemin de fer de l'Ouest que pour obtenir en leur » faveur l'application des traités particuliers intervenus entre ladite Compagnie » et certains expéditeurs; que la seule et unique question soulevée par cet » exploit, plaidée et jugée en première instance, est la question *des tarifs dif-* » *férentiels*; que si, par la force même des choses, la demande se formulait » en restitution d'une somme de 604 fr. 37 c., formant la différence entre le » tarif général et le tarif particulier, résultant du traité consenti à Grandchamp, » il n'en est pas moins évident que la vraie cause de l'action est la prétention » de faire déclarer applicable aux frères Depeaux le tarif spécial accordé à » Grandchamp et Couillard; que cette prétention n'est pas le motif, le consi- » dérant de la demande, mais la demande elle-même, qui ne s'est produite en » justice sous la forme d'une demande en restitution que parce qu'elle ne pou- » vait s'y produire autrement, mais sans perdre pour cela son caractère ; at-

» tendu que la demande à fin de restitution d'une somme de 546 fr. 78 c., » comme ayant été perçue contrairement au tarif général lui-même, est en con- » tradiction manifeste avec la demande originaire, ce qui suffirait à prouver » qu'elle est nouvelle ; qu'en effet c'est par un calcul comparatif entre la somme » perçue, aux termes du tarif général et celle qui aurait dû l'être aux termes du » traité Grandchamp, que Depeaux frères ont fixé leur réclamation à 604 fr. 37 c. ; » qu'il en résulte donc formellement qu'ils acceptaient alors la perception faite » par la Compagnie comme régulière aux termes du tarif général, et ne la » critiquaient que dans son rapport avec le tarif particulier consenti à Grand- » champ ; qu'il en résulte donc que la demande sus-énoncée est une demande » nouvelle qui doit être soumise au premier degré de juridiction avant d'être » appréciée et jugée par la Cour ; qu'elle est donc, quant à présent, non-re- » cevable.

» Statuant sur l'appel : Vu l'art. 35 de la loi du 11 juin 1842 ; attendu qu'il » en résulte formellement que la Compagnie a le droit de faire des traités avec » un ou plusieurs expéditeurs, et de leur accorder une réduction sur l'un des » prix portés au tarif ; que ce droit se concilie parfaitement avec l'obligation » de percevoir les taxes indistinctement et sans aucune faveur, puisqu'il appar- » tient à tout expéditeur qui n'aurait pas figuré au traité d'en réclamer les » avantages, en se soumettant aux conditions qui en sont la compensation et » le prix ; attendu que Depeaux frères, en réclamant le bénéfice du traité passé » entre la Compagnie et Grandchamp, se refusent à accepter et subir les condi- » tions de ce traité, et par conséquent à en payer le prix intégral ; qu'une telle » prétention ne saurait être admise ; que Depeaux frères, en effet, ont payé » suivant le tarif général, qui était leur loi, comme Grandchamp suivant le » traité particulier, qui était la sienne.

» Sur la demande en dommages-intérêts, par les motifs du présent arrêt, » et attendu que Depeaux frères ne justifient d'aucun dommage par eux » éprouvé ;

» Sur les demandes subsidiaires : Attendu que Depeaux frères sont sans in- » térêt et par conséquent sans titre et sans qualité, soit pour demander et » obtenir la production des traités particuliers auxquels ils sont étrangers, et » dont d'ailleurs la copie authentique leur a été communiquée, soit pour » arriver à la vérification d'une comptabilité qui ne leur est pas moins étrangère, » met l'appellation et ce dont est appel au néant... »

Les sieurs Depeaux frères se sont pourvus contre cet arrêt.

Le 28 décembre 1857, la Cour de cassation a rejeté le pourvoi :

Sur le moyen relatif à la demande en restitution de 604 fr. 37 c., par les mêmes motifs que ceux de l'arrêt, affaire Vasse qui précède ; et sur le moyen relatif à la demande en restitution de 546 fr. 78 c. :

« Attendu que la demande en restitution, formée en instance d'appel par » Depeaux frères, différait essentiellement de leur demande originaire, en ce » qu'elle avait pour base non, comme celle-ci, le prix du transport réduit par » des traités particuliers, mais le tarif général ; qu'ainsi la demande subsidiaire » formée en appel avait une cause profondément distincte et même exclusive » de celle de la demande originaire : qu'elle ne pouvait donc être considérée » comme ayant été implicitement renfermée dans la première, mais qu'elle » constituait une demande nouvelle qui n'avait point été soumise au premier » degré de juridiction, qui exigeait une instruction spéciale, et qui, par consé- » quent, devait être déclarée non recevable ; qu'en le décidant ainsi, la Cour » impériale de Rouen, loin de violer l'art. 464 du Code de procédure civile, en » a fait, au contraire, une juste application (1). »

Du 28 décembre 1857.— Ch. civ.— *Prés.*, M. Troplong ; — *Rapp.*, M. Quenault ; — *Concl. conf.*, M. Sevin, av. gén.; — *Pl.*, MM[es] Hérold et Beauvoid-Devaux.

(1) Extrait du *Journal du Palais*, année 1858, page 622.

VI.

AFFAIRE GUÉRINDON CONTRE LA COMPAGNIE DU CHEMIN DE FER D'ORLÉANS.

TRANSPORT DE BESTIAUX POUR L'APPROVISIONNEMENT DE PARIS.

Refus de payer le prix fixé par un tarif homologué—fondé sur un autre tarif homologué — nonobstant la différence des conditions en ce qui touche le lieu d'expédition et l'heure de remise au départ.

Jugement du tribunal de commerce de la Seine du 8 mai 1856. — Arrêt de la Cour de cassation du 19 janvier 1858 (1).

Les dispositions annexées à un tarif spécial dûment homologué et publié, et qui sont les conditions d'application des prix de ce tarif, en forment partie intégrante, et, comme telles, sont obligatoires comme les prix eux-mêmes.

En conséquence, les droits des expéditeurs à l'égard des chemins de fer en ce qui concerne les conditions de vitesse et la garantie d'arrivée en temps utile, sont réglés par les dispositions spéciales des tarifs régulièrement homologués et publiés, et le juge du fait n'a pas le droit de substituer à une disposition expresse du tarif une règle empruntée aux principes généraux concernant les lettres de voiture du roulage ordinaire.

Spécialement, lorsque le tarif ne garantit une vitesse extraordinaire aux convois de bestiaux destinés à l'approvisionnement de Paris qu'autant que ces bestiaux seront expédiés de certaines gares à des jours et heures marqués, le juge du fait ne peut pas, mettant le tarif de côté, déclarer que cette vitesse doit être assurée, d'après les principes généraux, aux bestiaux expédiés d'autre part, à d'autres jours et autres heures.

FAITS.

M. Guérindon, marchand boucher à Montagniny, avait remis, le 12 janvier 1855, à la station de Montmoreau, pour être expédiés à Choisy, six vaches et

(1) Dalloz, 1858. 1. 62.

neuf bœufs. Prétendant que ces animaux n'étaient pas arrivés en temps utile pour le marché de Sceaux, auquel ils étaient destinés, il assigna la Compagnie en paiement d'une indemnité de 21 fr. 75 c. par tête de bœuf. La Compagnie répondait qu'aux termes d'un tarif spécial pour le transport des bestiaux, elle garantissait l'arrivée en temps utile pour les marchés, des bestiaux remis aux jours et heures indiqués par ce tarif pour les stations en deçà d'une certaine zone; mais que, pour les bestiaux remis aux stations situées au delà, ils étaient, aux termes mêmes de ce tarif, transportés dans les délais ordinaires de petite vitesse; que la station de Montmoreau était située au-delà de la limite de cette responsabilité de la Compagnie; que, d'un autre côté, les délais ordinaires de petite vitesse n'ayant pas été outrepassés pour le transport des bœufs et vaches de M. Guérindon, la Compagnie ne lui devait aucune indemnité.

Le tribunal de commerce de la Seine, le 8 mai 1856, avait rendu le jugement suivant (1) :

« Attendu que les bestiaux dont il s'agit dans la cause ont été chargés par » la Compagnie d'Orléans, le 12 janvier dernier; que leur destination était la » gare de Choisy, pour de là être conduits au marché de Sceaux;

» Qu'ils ne sont parvenus à Choisy que le 14 au soir, et que, par ce fait, le » demandeur prétend avoir éprouvé un préjudice ;

» Attendu que la Compagnie d'Orléans, en se chargeant, sur toutes ses lignes, » du transport des bestiaux destinés à l'approvisionnement de Paris, prend » ainsi envers tous ceux qui s'occupent de ce commerce, l'obligation générale » de faire arriver ces bestiaux en temps utile pour les jours de marchés, et de » disposer en conséquence ses services et son matériel;

» Attendu qu'en cet état, le délai d'arrivée résultant de la nature même de » l'expédition, s'il doit, sauf les cas de force majeure, recevoir des exceptions, » soit à raison d'une remise tardive, soit à raison d'un point de départ trop » éloigné, il faut que ces exceptions soient consignées sur la lettre de voiture, » seul contrat légal en matière de transport de marchandises;

» Attendu que, dans l'espèce, on ne justifie pas qu'il en ait été ainsi; que » c'est vainement que la Compagnie se réfère à des tarifs spéciaux qui, bien » qu'autorisés par l'administration publique, ne peuvent pas y suppléer pour » lier les parties;

» Attendu qu'on n'allègue pas le cas de force majeure; qu'il est acquis au » procès que le retard provient de l'organisation des services qui ont fait sé-

(1) Sirey, année 1858, 1re part., page 238.

» journer ces bestiaux en route, notamment à Angoulême, où ils étaient parve-
» nus utilement ;

» Attendu que leur vente n'ayant pu avoir lieu qu'au marché de Poissy sui-
» vant, il en est résulté pour le demandeur un dommage matériel dont la ré-
» paration doit être basée sur les frais d'entrée et de route et le dépérissement
» d'une part, et d'autre part sur la différence du prix de vente, s'il en existe ;

» Attendu qu'il ressort des documents produits et des explications fournies,
» qu'en réunissant ces trois éléments, le préjudice sera suffisamment réparé
» par une indemnité de 27 fr. 75 c. par tête de bœuf et de 16 fr. 50 c. par
» tête de vache, etc., etc. »

La Compagnie du chemin de fer d'Orléans s'est pourvue contre ce jugement, et à la date du 19 janvier 1858, la Cour de cassation a rendu par défaut l'arrêt suivant :

« Vu les art. 20, §§ 5 et 12 ; 37, §§ 3 et 4 du cahier des charges pour
» le chemin de fer du Centre, en date du 26 juillet 1844 ; — l'art. 3 du
» décret du 27 mars 1852, et le tarif nº 111, approuvé et publié conformé-
» ment à ces dispositions ;

» Attendu que les cahiers des charges annexés aux lois et décrets de conces-
» sion des chemins de fer sont obligatoires et ont force de loi, pour et contre
» les Compagnies concessionnaires, relativement aux conditions des transports
» qui leur sont confiés, et que les modifications des tarifs portés aux cahiers
» des charges acquièrent le même caractère, respectivement obligatoire, quand
» elles ont été régulièrement approuvées et publiées ;

» Attendu qu'il résulte du tarif portant le nº 111, imprimé et publié confor-
» mément aux règlements, que : « moyennant l'enregistrement aux lieux, jours
» et heures indiqués, la Compagnie garantit l'arrivée des bœufs et vaches à
» Paris ou à Choisy, en temps utile pour entrer aux marchés de Poissy ou
» de Sceaux ; — toutefois, cette garantie ne s'applique pas aux bœufs et
» vaches expédiés des gares au-delà de Saint-Pierre-les-Moutiers, Château-
» roux, Poitiers et Chalonnes ;

» Attendu, en fait, que les bœufs et vaches du défendeur ont été expédiés
» par lui le 12 janvier 1856 de la station de Montmoreau, laquelle se trouve
» située sur la ligne de Paris à Bordeaux, au-delà de Poitiers ;

» Attendu que si ces bestiaux, n'ayant été rendus à la gare de Choisy que le
» 14 janvier au soir, n'ont pu être vendus au marché de Sceaux tenu le même
» jour, et s'il est résulté de ce retard des frais et pertes pour l'expéditeur, dont
» le jugement a rendu la Compagnie responsable, cette garantie a été accordée

» au défendeur illégalement, parce qu'il ne s'était pas conformé au tarif, quant » au lieu où la remise de son bétail au chemin de fer avait été faite ;

» Attendu qu'en avertissant les expéditeurs qu'elle ne pourrait les faire » jouir des avantages du transport à grande vitesse sur la ligne de Bordeaux » à Paris, que relativement aux envois faits depuis Poitiers, la Compagnie les » a suffisamment prévenus que le retard résultant de la petite vitesse aurait » pour cause, d'une part leur libre choix de ce mode de transport, d'autre » part, les combinaisons dans la marche des convois, adoptées pour l'intérêt » et d'après les nécessités de son service public ;

» Qu'en cet état, aucune faute ou inobservation, soit de ses obligations envers » le défendeur, soit des règlements, n'étant relevée par le jugement contre la » Compagnie, ce jugement, en la condamnant dans l'espèce à des dommages- » intérêts, a violé les dispositions des lois, cahier des charges et tarif ci-dessus » visés, qu'il a déclarées n'être obligatoires pour les expéditeurs qu'à la con- » dition de les reproduire dans leurs lettres de voiture ;

» Par ces motifs,

» Casse et annule.......... »

VII.

AFFAIRE BAYVET ET CONSORTS CONTRE LA COMPAGNIE DU CHEMIN DE FER DE LYON.

TRANSPORT DE SUCRES.

Refus de payer le prix fixé par le tarif homologué — fondé sur un traité particulier — nonobstant la différence des conditions en ce qui touche le lieu d'expédition.

Jugement du tribunal de commerce de la Seine, du 4 juin 1856. — Arrêt de la Cour de Paris, du 21 avril 1857. — Arrêt de la Cour de cassation, du 12 avril 1859.

Les Compagnies, et spécialement celle du chemin de fer de Lyon, peuvent, par des traités particuliers avec certains expéditeurs, consentir des réductions de tarifs, sans que d'autres expéditeurs qui ne se trouvent pas dans les mêmes conditions puissent s'en prévaloir.

Ainsi, les réductions accordées aux expéditeurs d'une certaine localité, pour une localité déterminée, ne peuvent profiter de plein droit aux expéditeurs d'une localité intermédiaire.

Ces derniers ne pourraient s'en prévaloir qu'autant que la réduction de tarif aurait été généralisée par l'autorité administrative supérieure, à laquelle les traités particuliers faits avec certains expéditeurs doivent être communiqués, et qui seule peut appeler les tiers à participer à leurs avantages sans en remplir les conditions. (Art. 50 du cahier des charges annexé à la loi du 5 janvier 1852) (1).

Me Bethmont, avocat de MM. Pont, Fournier, Constant Say, Labruyère et Ce, François Delessert, Lebaudy frères, Guillon et fils, Bayvet et Ce, raffineurs de sucres à Paris, expose que, sur 150 millions de kilogrammes de sucres bruts,

(1) Extrait de la *Gazette des Tribunaux* du 22 avril 1857.

coloniaux ou indigènes, 74 millions sont raffinés à Paris, et 82 millions à Nantes, au Havre et dans les départements du Nord, et que la raffinerie parisienne obtient 57,350,000 kil. de sucre ; qu'enfin, au taux moyen de 1 fr. 60 c. le kilogramme raffiné, le mouvement général de cette industrie est de 91,760,000 francs.

Or, ajoute l'avocat, par des traités faits par le chemin de fer de Paris à Lyon avec MM. Cézard, et Etienne et Say, raffineurs de Nantes, une réduction du tarif de transport a été consentie à ces derniers ; ils paient, de Nantes à Ivry, 31 fr. 65 c. par tonne, 1 fr. 10 c. pour le chemin de fer de Ceinture, et de Paris à Lyon, 37 fr. 25 c. ; or, de Paris à Lyon, pour les raffineurs de Paris, le prix est de 50 francs ; il y a donc là un avantage pour les Nantais de 12 fr. 75 c. ; et comme les Compagnies de chemins de fer ne peuvent accorder à un expéditeur des avantages quelconques, sans les octroyer en même temps à d'autres expéditeurs, sur la réclamation de ceux-ci, et même en dehors de toute intervention de l'autorité administrative, MM. Pont et consorts ont, au refus de la Compagnie du chemin de fer de Lyon, fait assigner cette Compagnie devant le tribunal de commerce de Paris.

Ils ont exposé que l'abaissement des tarifs au profit des Nantais avait produit une différence à leur préjudice, sur le marché de Lyon, de 1 0/0 ; soit sur le mouvement général de la raffinerie parisienne, une perte annuelle de 617,000 francs, et quant à MM. Pont et autres demandeurs en particulier, une perte de 182,457 francs, calculée à 1 0/0, sur 18,245,793 francs d'expédition dont ils pouvaient justifier.

Le tribunal a rejeté cette demande par un jugement du 4 juin 1855, ainsi conçu :

« Le tribunal,

» Statuant tant sur la demande principale que sur la demande en dommages-intérêts :

» Attendu que Delessert, Dufflé fils et Maillier, Lebertre fils et Lebaudy frères, Bayvet et Cᵉ, Perier frères, Guillon et fils, Jeanti et Prévost, Labruyère et Cᵉ, Say, Onfroy, Pouet et Sommier, réclament, pour le transport de leurs sucres raffinés de Paris à Mâcon et au delà jusqu'à Lyon, l'application du tarif réduit consenti par la Compagnie défenderesse au profit du sieur Nicolas Cezard, de Nantes, pour le même parcours, soit une diminution de 11 fr. 23 c. par tonne sur le tarif commun ;

» Attendu qu'à l'appui de leur réclamation, les demandeurs invoquent l'article 50 du cahier des charges de la Compagnie de Lyon, disposant que la perception des taxes doit être faite indistinctement et sans aucune faveur ; qu'ils prétendent induire de ce texte que les prix du tarif doivent être fixés d'après les unités de tonnage expédiées et de distance parcourue; qu'ils ajoutent que toute autre détermination basée sur l'importance des quantités transportées et résultant des lieux de provenance est arbitraire, et constitue entre les expéditeurs de mêmes marchandises une inégalité contraire à l'intérêt du commerce, à l'esprit et au texte de la loi, inégalité d'autant plus blessante, d'après la demande, qu'elle résulte, dans l'espèce, de tarifs combinés dans lesquels les Compagnies y intervenant ont stipulé en dehors de l'objet de l'entreprise;

» Attendu que, pour apprécier la valeur de la prétention exposée, il convient d'examiner les précédents de la matière et les motifs qui ont présidé à la rédaction de l'article du cahier des charges de la Compagnie de Lyon;

» Attendu que, dès 1850, les Chambres du commerce, organes naturels des commerçants, signalèrent à l'attention des pouvoirs publics les abus résultant de l'exécution du cahier des charges, demandant si les Compagnies avaient le droit d'introduire des différences de tarifs à raison de circonstances autres que le nombre de kilomètres parcourus et la nature des marchandises; que ces doléances furent recueillies dans l'enquête poursuivie dans le mois de mars de la même année, par les soins du Conseil d'Etat;

» Attendu que, postérieurement à cette enquête, le 13 mai 1851, l'Assemblée législative adoptait à la majorité, à l'occasion du projet relatif au chemin de fer de l'Ouest, les dispositions dont le texte suit (dispositions exactement reproduites dans l'art. 50 du cahier des charges de la Compagnie de Lyon soumis à l'interprétation du tribunal) : « La perception des taxes devra se faire par la » Compagnie indistinctement et sans aucune faveur; dans le cas où la Com- » pagnie aurait accordé à un ou plusieurs expéditeurs une réduction sur l'un » des prix portés au tarif, avant de le mettre à exécution, elle devra en donner » connaissance à l'administration, et celle-ci aura le droit de déclarer la réduc- » tion une fois consentie obligatoire vis-à-vis tous les expéditeurs et applicable » à tous les articles d'une même nature; la taxe ainsi réduite ne pourra, » comme pour les autres réductions, être relevée avant le délai d'un an. »

» Attendu que, lors de la discussion de cette rédaction, il fut proposé un amendement demandant qu'à la différence du projet qui laissait à l'administration le droit de déclarer la réduction une fois consentie obligatoire vis-à-vis de tous les expéditeurs, cette réduction fût de plein droit obligatoire;

» Attendu que l'auteur et les défenseurs de cet amendement invoquaient, à l'appui de leur opinion, les plaintes consignées dans l'enquête susrelatée signalant les abus des tarifs combinés entre les Compagnies d'Orléans, de Bordeaux et de Nantes, pour favoriser les eaux-de-vie arrivant par la mer, au préjudice des eaux-de-vie de l'intérieur et au détriment du cabotage; rappelant les faveurs attribuées par la Compagnie de Strasbourg aux expéditeurs de grains qui s'engageaient à délivrer toutes leurs marchandises, et invoquant le scandale que quelques litiges nés de ces interprétations avaient récemment révélé ;

» Attendu que les mêmes orateurs déclaraient qu'à leurs yeux l'adoption du projet sans l'amendement proposé consacrait la ruine de l'industrie, du commerce, de l'agriculture et de la navigation, mises à la merci des Compagnies, qui avaient pouvoir, par des tarifs réduits de faveur, de dispenser la fortune pour certaines localités, la ruine pour d'autres, et de traiter à leur gré avec rigueur ou préférence telle ou telle industrie, tel ou tel expéditeur ; qu'en présence de ces dangers menaçants, l'application du principe d'égalité ne pouvait dépendre d'une décision ministérielle, mais d'un commandement formel de la loi ;

» Attendu que ces considérations, qui produisent et développent fidèlement le système et les moyens invoqués par les demandeurs, ne purent conquérir l'opinion de la majorité délibérante, qui se rangea à cet avis que les tarifs différentiels, variant à raison, soit des quantités livrées, soit des distances parcourues, avaient une juste raison d'être et devaient être respectées dans l'usage qui en était fait; que la réduction des tarifs, aussi absolue dans ses effets que le demandait l'amendement proposé, entraverait le mouvement d'abaissement des frais de circulation, diminuerait les ressources des Compagnies, et laisserait en conséquence l'Etat éventuellement exposé à de plus lourds sacrifices pour la création des voies de fer, désarmerait enfin les chemins de fer d'un instrument de lutte qui leur était nécessaire pour concurrencer les entreprises de transports libres dans leur action ; que pour toutes ces raisons, il convenait de remettre à l'administration le soin d'étendre l'application des tarifs réduits aux expéditeurs, en demandant le bénéfice dans les mêmes conditions ;

» Attendu que le rejet, par les motifs qui précèdent, de l'amendement qui tendait à créer entre tous les expéditeurs une égalité radicale et absolue, ne laisse aucun doute sur l'esprit et l'interprétation des termes de l'art. 50 du cahier des charges de la Compagnie de Lyon ; qu'il résulte expressément dudit article que l'injonction relative à la perception des taxes devant se faire par la Compagnie indistinctement et sans aucune faveur, a trait à l'application des tarifs communs rendus exécutoires ; que le droit d'accorder à un expéditeur une réduction sur le prix porté au tarif à raison des distances parcourues ou des quantités transportées, et ce par voie de tarifs combinés avec d'autres entreprises, est ouvert à la Compagnie, à la charge de donner connaissance à l'administration du traité intervenu ; qu'à l'administration appartient enfin exclusivement la faculté d'étendre le bénéfice d'une réduction consentie à tout expéditeur et à tous articles de même nature ;

» Que ces dispositions ne permettent point de faire droit à la réclamation des demandeurs, si légitime qu'elle puisse paraître aux yeux du commerce, cette opinion de l'égalité absolue en matière de transports n'ayant pas pour elle la sanction de la loi ;

» Qu'il ressort de ce qui précède que les demandeurs doivent être déclarés mal fondés dans leurs fins et conclusions ;

» Déclare Delessert, Duffié fils, Maillier, Lebertre fils et Lebaudy frères, Bayvet et Ce, Perier frères, Guillon et fils, Jeanté et Prevost, Labruyère et Ce, Say, Onfroy, Pouet et Sommier mal fondés dans leurs fins et conclusions, les en déboute. »

Appel. — Me Bethmont soutient que le nombre de kilomètres parcourus et la tonne sont les bases des tarifs ; que les Compagnies n'ont pas le droit de faire état, pour opposer des conditions spéciales aux expéditeurs, des lieux de provenance, de la qualité des marchandises, de telle ou telle nature d'expéditions, non plus que d'accorder aucunes préférences ; qu'elles doivent opérer indistinctement et sans faveur ; que, la réduction une fois accordée, le prix ne peut être relevé avant un délai déterminé ; que cette réduction peut être rendue commune à tous les expéditeurs ; et que, même dans le silence de l'administration, tout individu a le droit de réclamer l'égalité.

L'amendement Kestner, dont le tribunal s'est préoccupé, avait pour objet, dit l'avocat, de rendre immédiatement obligatoire la réduction, même avant toute décision administrative généralisant la réduction ; du rejet de cet amendement, le tribunal a eu tort de conclure que tout expéditeur ne conservait pas son action individuelle contre la Compagnie. L'égalité est, en effet, le principe en cette matière, et il peut être invoqué par l'expéditeur directement, ainsi que l'ont reconnu deux arrêts de la 1re chambre de la Cour, du 20 février 1856, et un arrêt de la 2e chambre, du 8 janvier 1857. L'amendement tendait à rendre obligatoire pour tous, pendant un an, la réduction ; il faisait ainsi obstacle aux essais de trois mois, de six mois, que pouvaient tenter les Compagnies ; il fut combattu par ceux qui voulaient laisser cette faculté à ces Compagnies ; mais il ne touchait pas au droit individuel qui pouvait être exercé par les expéditeurs, homme par homme, de réclamer la réduction, sans porter, du reste, aucune entrave au droit général de l'administration, de généraliser la réduction.

Me Dufaure, avocat de la Compagnie du chemin de fer de Lyon : « Les procès suscités aux Compagnies de chemins de fer à l'occasion de leurs tarifs présentent une difficulté que je veux, en commençant, signaler à la Cour. Les adversaires des Compagnies ne se bornent pas à leur défense orale ; ils distribuent de petits mémoires, sur papier rose, dans lesquels sont développés tous les reproches qu'ils croient devoir porter contre elles ; mémoires qui sont un recueil de faits ou inexacts, ou mal représentés, ou mal compris, et toujours vus d'un seul côté dans un sujet si complexe de sa nature. Que faire pour répondre à tout cela ? A propos d'une demande formée contre le chemin de fer de Lyon, relever tous les griefs articulés contre tous les autres ? Je ne puis mettre à cette épreuve la patience de la Cour : et même, au risque de vous laisser des impressions défavorables à ma cause, je me renfermerai dans le cadre suivi par mon adversaire.

Avant l'établissement du chemin de fer de Lyon, la place de Lyon et la contrée qui l'environne recevaient leurs sucres raffinés par le Rhône ; ils venaient de Marseille ou, par le cabotage, de Bordeaux et de Nantes. Il ne faudrait pas que la Cour crût que le transport par eau présentât de grands inconvénients ; M. Bayvet, célèbre raffineur, a rendu, à cet égard, dans l'enquête de 1850, un témoignage fort précis.

Le tarif donné à la Compagnie du chemin de fer de Lyon pour les sucres raffinés était de 0,18 c. par tonne et par kilomètre, et son droit, sur 506 kilomètres, de 91 fr. 30 c. ; elle a consenti un abaissement de ce tarif à moitié à peu près. Grâce à cette réduction, les raffineurs de Paris ont pris peu à peu le monopole sur le marché de Lyon.

En 1855, sur la proposition de M. Nicolas Cezard, raffineur de Nantes, un traité de réduction fut passé entre lui et les Compagnies d'Orléans et de Lyon ; conformément à l'art. 50 du cahier des charges, ce traité fut soumis au ministre des travaux publics, qui le retint, pour l'examen, pendant un mois et demi, et donna avis, le 30 avril, de sa réception. Un autre traité, passé le 1er septembre, aux mêmes conditions, avec MM. Etienne et Say, de Nantes, et soumis au ministre le 7 septembre, fut aussi examiné, et, à la date du 25 octobre, le ministre en accusa réception. D'après ces traités, les raffineurs de Nantes payaient, pour le transport partiel de Paris à Mâcon, 6 fr. 73 c. de moins que ceux de Paris, et de Paris à Lyon, 12 fr. 30 c. aussi en moins ; mais pour le parcours total de Nantes à Mâcon, ces raffineurs payaient 20 fr. de plus, et de Nantes à Lyon, 24 fr. 50 c. aussi en plus. La Cour comprend qu'avec de telles différences les raffineurs de Paris n'avaient pas à craindre une concurrence bien sérieuse, et que tout ce que l'on a dit d'une perturbation dans le marché des sucres à Lyon est singulièrement exagéré.

Ces traités furent communiqués, publiés ; ils étaient depuis près d'un an en cours d'exécution lorsque les raffineurs de Paris assignèrent la Compagnie de Lyon devant le tribunal de commerce. Ce tribunal, gardien naturel des intérêts du commerce, a rejeté leur prétention.

La Compagnie du chemin de fer de Lyon a dépensé 340 millions pour établir ce chemin, qui doit appartenir à l'Etat après 99 ans d'exploitation privée ; le moyen pour elle de se rembourser est la perception des taxes qui lui sont accordées par des tarifs réglés à un taux un peu inférieur à celui de l'ancien roulage, tarifs qu'elle ne peut dépasser, qu'elle ne peut, après les avoir abaissés, relever avant le délai d'un an, et qu'elle doit percevoir (ce sont les termes de l'art. 50 de son cahier des charges et de l'ordonnance réglementaire de 1846), *indistinctement et sans aucune faveur.*

Ces expressions sont faciles à comprendre. Les commissionnaires de roulage pouvaient accepter ou refuser le transport des marchandises de tel ou tel expéditeur; ils pouvaient, pour le moment, donner la préférence à qui bon leur semblait ; il en est autrement des chemins de fer ; mais est-ce à dire que sur chacun des 506 kilomètres de Paris à Lyon, et réciproquement, la tonne d'une même marchandise voyagera au même prix? Sans doute la perception par tonne et par kilomètre, mode de perception emprunté aux bills anglais et américains, est plus facile pour tout le monde ; mais il n'en résulte pas que les tarifs ne doivent pas être, suivant l'expression en usage, *différentiels*, différents, c'est-à-dire comme ils sont en réalité, 65 francs pour le transport de Paris à Lyon des sucres par grosses masses de 4 à 8,000 kilogrammes, et 50 francs pour de moindres quantités.

Le cahier des charges autorise les tarifs inégaux, différentiels, sur des parcours intermédiaires, par exemple de Dijon à Mâcon ; il autorise encore des modifications au profit de certaines entreprises de transport (sauf l'autorisation ministérielle), et la Cour de Paris a consacré ce principe par son arrêt du 18 février 1856 (affaire Contet-Muiron) ; enfin, il permet aux Compagnies de réduire le tarif au profit d'un ou plusieurs expéditeurs, sauf à l'administration à rendre obligatoire pour tous cette réduction, si elle le juge convenable. Il a été encore ajouté à ces garanties par un arrêté ministériel du 1er juillet 1852, prescrivant un mode spécial pour la communication et la publicité des traités particuliers de cette nature. Ces traités particuliers sont si bien permis, que dans ce moment, le Conseil d'État est saisi de l'examen d'un projet tendant à les interdire désormais.

Avant d'être concédé à une Compagnie, le chemin de Lyon a été pendant deux ans administré par l'État, et l'État accordait alors des tarifs différentiels; le ministre de la guerre a, dans ce moment, avec toutes les Compagnies, des traités de ce genre, parce qu'il est un expéditeur important. Si je parlais ailleurs que dans une enceinte judiciaire, je dirais l'influence considérable que ces traités particuliers ont eue pour l'abaissement des tarifs ; je me borne à dire qu'ils sont licites.

Le tribunal de commerce a eu raison de chercher le sens de la loi dans les discussions législatives ; mais il aurait pu remonter plus haut. La question a été nettement posée à la Chambre des pairs, en 1843, dans la discussion relative au chemin de fer d'Avignon à Marseille, séance du 20 juillet 1843. Elle l'a été encore, en 1844, à l'occasion du chemin de fer d'Orléans à Bordeaux. C'est en 1851 qu'elle fut reproduite par M. Kestner.

Me Dufaure rappelle les éléments de ces discussions successives, auxquelles prirent part MM. Dubouchage, Legrand, Daru et Dupont de Bussac; il en déduit une double garantie contre les abus, celle résultant du droit de l'administration supérieure de rendre obligatoire pour tous le tarif réduit, et celle résultant de l'intervention des tribunaux, même au cas où l'administration n'use pas de son droit.

L'avocat cite et commente plusieurs arrêts (Paris, affaire Schramm, 7 avril 1853. — Affaire Rauch contre la Compagnie du Nord ; Cour de Paris, 19 mai 1855 et Cour de cassation, 12 décembre 1855. — Affaire Vasse contre la Compagnie de l'Ouest ; Cour de Rouen, 26 juin 1856,) desquels il fait résulter que les expéditeurs réclamants doivent, pour obtenir les réductions consenties à d'autres, se soumettre aux mêmes conditions que ceux-ci, à moins que ces conditions ne soient inexécutables.

Or ici, les conditions faites aux raffineurs de Nantes sont celles-ci : toutes les expéditions seront confiées au chemin de fer ; les expéditeurs fourniront un minimum de 500 tonnes par an ; l'expéditeur paie les frais de chargement au départ, de déchargement à l'arrivée ; le chargement est de 5,000 kilogrammes au moins ; la marchandise, excepté en cas de déraillement, voyage aux frais de l'expéditeur, sans responsabilité de la Compagnie ; un cautionnement de 1,000 francs est exigé de l'expéditeur. Toutes ces conditions sont faciles à exécuter, surtout pour les réclamants au procès, qui fabriquent par an 60,000 tonnes de sucre raffinés.

Après quelques autres explications tendant à établir que l'intérêt public ne souffre aucunement de la concurrence faite à Lyon aux raffineurs parisiens, Me Dufaure s'attache à repousser la demande en dommages-intérêts à cet autre point de vue, que cette concurrence n'aurait influé sur les marchandises de ces derniers qu'à concurrence d'un centime par kilogramme.

M. de Gaujal, avocat général : La question soumise à la Cour est d'une grande importance et met en jeu les intérêts les plus considérables et les plus divers. Elle intéresse au plus haut degré les Compagnies de chemins de fer, pour lesquelles les traités particuliers de réduction de tarifs sont un levier, une ressource importante ; elle intéresse toutes les branches de commerce dont les produits circulent sur les chemins de fer, tous les expéditeurs, les localités riveraines dont les situations peuvent être modifiées par ces traités ; elle intéresse enfin l'administration supérieure, puisqu'elle a pour mission de surveiller et de contrôler les Compagnies, et qu'elle exerce une haute tutelle sur tous les intérêts divergents qui se rencontrent en cette matière et sont placés sous sa protection. Au point de vue judiciaire, nous avons à nous demander si, sous l'empire des lois et des cahiers de charges actuellement en vigueur, les Compagnies ont le droit de faire des traités particuliers et peuvent faire des conditions particulières à certains expéditeurs.

En fait, dans l'espèce, des traités ou tarifs de détournement ont eu lieu : qu'est-ce, en réalité, que de semblables traités ?

Deux lignes de chemins de fer existent perpendiculaires l'une à l'autre ; les deux points extrêmes ne sont en communication que par un long détour ; un jour viendra où une ligne de fer les fera communiquer directement ; en attendant, le détour est dispendieux ; que fait-on ? Par une fiction on supprime la distance, et on fait payer seulement le prix qu'on paierait si le trajet était direct et s'il n'y avait pas de détour. Par là on devance l'avenir, et l'on fait, par anticipation, jouir du bénéfice des chemins de fer des localités qui en sont encore privées. C'est ce qu'a fait la Compagnie de Lyon avec MM. Cezard et Étienne et Say, de Nantes.

Ces traités, tout en laissant encore l'avantage aux raffineurs de Paris, permettent du moins aux raffineurs de Nantes l'accès de la place de Lyon ; et il résulte de tous les documents que si ces derniers l'emportent, sur le marché, sur leurs concurrents, ils le doivent surtout à la supériorité de leur fabrication, à la baisse de leurs prix, et que le public n'a pu que gagner à l'extinction du monopole exercé à Lyon par les raffineurs de Paris.

Après avoir démontré, par la comparaison des charges avec les prix réduits, qu'il n'y a pas en réalité, dans l'espèce, de privilège accordé aux raffineurs de Nantes, M. l'avocat général, abordant la question de droit, établit qu'en règle générale, en considérant les chemins de fer comme entreprises commerciales, on ne saurait leur interdire l'abaissement de leurs prix de transport, et que, d'après la loi spéciale résultant des cahiers des charges, il existe au tarif autorisé trois catégories d'exceptions : 1° les tarifs spéciaux et différentiels pour certaines localités placées dans des conditions particulières comme centres de production ou de consommation, tarifs pour lesquels l'homologation est nécessaire ; 2° les traités particuliers avec d'autres entreprises de transport par terre ou par eau pour ce qu'on appelle les « au delà, » traités qui nécessitent une approbation préalable ; 3° les traités particuliers avec des expéditeurs, traités qui doivent être dénoncés à l'administration, laquelle se réserve toujours la faculté de les rendre obligatoires vis-à-vis de tous les expéditeurs. C'est à cette dernière catégorie qu'appartiennent les traités formant l'objet du litige actuel.

M. l'avocat général, interrogeant le texte du cahier des charges, y trouve écrit le droit des Compagnies de consentir des réductions de tarifs par des traités particuliers, et le droit parallèle et corrélatif de l'administration de rendre ces réductions obligatoires vis-à-vis de tous.

Puis, il signale les arrêts de la première chambre de la Cour, du 18 février 1856, comme consacrant le principe du droit pour les particuliers en dehors de toute intervention de l'autorité, de réclamer le bénéfice des réductions de tarifs consenties par les traités particuliers, mais à la condition, exigée par les Compagnies, que les réclamants se soumettront aux charges qui en sont la compensation; condition qui est plus expressément encore prescrite, en ce cas, dans une espèce semblable à celle-ci, jugée par arrêt de la deuxième chambre de la Cour, du 8 janvier 1857.

On veut plus, ajoute l'avocat général, on veut la réduction sans les conditions : l'administration pourrait faire cela, elle s'en est réservé le droit; mais elle ne l'a pas fait; les particuliers, quant à eux, n'ont droit qu'à l'égalité relative. C'est ici que la discussion de l'amendement Kestner, en 1851, a une importance capitale. M. Kestner voulait dans le cahier des charges une disposition ainsi conçue : « La réduction une fois consentie sera de droit obligatoire vis-à-» vis de tous les expéditeurs. » Cet amendement a été repoussé; il s'appliquait à la loi sur le chemin de fer de l'Ouest; mais il s'agissait surtout d'interpréter, de fixer, ou d'étendre une règle générale; on n'a pas voulu le faire; par là, on a reconnu évidemment, *à fortiori*, que la règle n'existait pas dans les cahiers des charges antérieurs.

M. l'avocat général conclut à la confirmation du jugement

Contrairement à ces conclusions,

« La Cour :

» Considérant que, par actes sous signatures privées des 22 et 23 février 1855, il a été stipulé entre les Compagnies d'Orléans et de Lyon, d'une part, et Nicolas Cezard, négociant à Nantes, d'autre part, que les sucres raffinés sortant des usines de celui ci seraient transportés de Nantes à Lyon au prix réduit de 70 francs par tonne, ainsi répartis : 31 fr. 65 c. à la Compagnie d'Orléans, 1 fr. 10 c. au chemin de Ceinture, 37 fr. 25 c. au chemin de Lyon, le chargement et le déchargement de la marchandise restant à la charge de l'expéditeur;

» Considérant qu'en échange de cette concession, Nicolas Cezard a pris l'engagement de confier exclusivement aux Compagnies les produits de son commerce destinés à l'approvisionnement de Lyon et des villes situées sur le parcours de la voie de fer, et d'en expédier 500 tonnes au moins chaque année ;

» Considérant qu'une convention identique est intervenue, les 5 et 6 octobre 1855, entre les Compagnies d'Orléans et de Lyon et d'autres raffineur de Nantes, les sieurs Etienne et Say ;

» Considérant que Delessert et consorts, négociants à Paris, à la Villette et à Ivry, ayant demandé à jouir pour le transport de produits similaires de la réduction afférente au parcours de Paris à Lyon, en se soumettant d'ailleurs aux conditions de tonnage et autres acceptées par les raffineurs de Nantes, la Compagnie de Lyon a répondu que les traités faits avec ces derniers ne pouvaient être scindés ; qu'ils imposaient, entre autres conditions, l'obligation d'expédier de Nantes à Lyon et de payer aux Compagnies 70 fr. par tonne transportée, et que dès lors les raffineurs de Paris ne pouvaient prétendre être dans les mêmes conditions, ni remplir les mêmes engagements envers la Compagnie en remettant au départ de Paris seulement, et moyennant 37 fr. 25 c. par tonne, des sucres en destination de Lyon ;

» Que, d'ailleurs, ces traités ayant été communiqués à l'autorité compétente, et le ministre n'ayant point usé du droit qui lui appartenait d'étendre à tous les intéressés les réductions de prix consenties auxexpéditeurs de Nan-s tes, toute réclamation était, par cela même, interdite aux raffineurs de Paris;

» Considérant que deux règles dominent la matière :

» La première, que la perception des taxes a pour base la distance à parcourir et la quotité des marchandises à transporter ; la seconde, que la perception doit se faire indistinctement et sans aucune faveur ;

» Que ces principes, reproduits invariablement dans tous les cahiers de charges, sont tirés de la nécessité d'établir entre les négociants que leur commerce rend tributaires des chemins de fer, une égalité parfaite, et d'empêcher qu'au moyen de réductions consenties à des expéditeurs privilégiés, un mode de transport institué dans une vue d'intérêt général ne devienne, non par la suite des modifications que l'établissement des voies de fer apporte dans les habitudes du commerce, mais par le calcul des Compagnies, un instrument de trouble et de ruine ;

» Que c'est dans ce but que, tout en reconnaissant que le cours des événements peut rendre nécessaire la modification des tarifs, la loi ne laisse point aux Compagnies l'entière liberté de leur action ;

» Qu'ainsi, pour éviter l'inconvénient de changements brusques et inattendus, elle exige qu'avant de toucher aux taxes, les Compagnies avertissent de leurs intentions l'administration et le public, et que les prix, quand ils ont été réduits, ne puissent être relevés avant une expérience dont la durée varie selon qu'il s'agit du transport des personnes ou du transport des marchandises ;

» Que, d'autre part, la loi réserve expressément à l'autorité la faculté de rendre obligatoires, pour tous les négociants exerçant un même commerce, les réductions de prix consenties à quelques-uns seulement, manifestant par cet ensemble de dispositions la ferme volonté d'empêcher que les chemins de fer n'abusent de la force dont ils disposent pour jeter la perturbation dans les existences et dans l'industrie ;

» Considérant que là ne s'arrête pas la protection de la loi ; que les cahiers de charges formant entre les Compagnies et le public un contrat respectivement obligatoire, tous ceux qui souffrent de ce qu'au mépris de la règle qui prescrit la perception des taxes indistinctement et sans faveur, une situation privilégiée a été faite à tel ou tel négociant, sont fondés à réclamer la réparation du dommage qui leur est causé ;

» Que l'inaction de l'autorité ne peut, quelle qu'en soit la cause, porter atteinte à ce droit :

» Qu'autrement il faudrait admettre que si l'administration tarde à déclarer les traités de faveur applicables à la partie correspondante du tarif, les négociants qu'a lésés l'inégalité des taxes pendant le temps qu'a duré la délibération de l'autorité n'auraient pas le droit de se plaindre, ce qui est contraire aux principes, les mesures générales que l'administration peut prendre, soit pour prévenir, soit pour faire cesser des abus, ne pouvant jamais être confondues avec les actions en indemnité que la loi spéciale et la loi commune autorisent en cas de préjudice ;

» Considérant que ces règles, qui sont la sauvegarde des intérêts individuels, s'appliquent d'autant mieux à la cause, qu'en demandant à profiter de la réduction accordée aux négociants de Nantes, sur le parcours de Paris à Lyon, les appelants ont déclaré se soumettre à toutes les conditions imposées par la Compagnie de Lyon, le mode de paiement, le tonnage, l'obligation de faire à leurs frais le chargement et le déchargement de la marchandise, etc. ;

» Que la prétention de la Compagnie que, pour revendiquer les bénéfices des traités, il faut livrer à Nantes les sucres à destination de Lyon, est déraisonnable autant qu'illégale ;

» Que, d'une part, en effet, il est contraire au simple bon sens d'exiger du commerçant dont l'établissement est voisin du lieu où commence la voie de fer que, pour jouir de la réduction appliquée à certaine nature de produits, il envoie sa marchandise au loin, dans une direction contraire à celle qu'elle doit suivre, uniquement pour la ramener au point dont elle est partie, et que par ce circuit inutile il s'impose une dépense de beaucoup supérieure au bénéfice qu'il réclame ;

» Que, d'autre part, la perception ne pouvant se faire que par kilomètre et par tonne, le chemin de fer de Lyon enfreint la loi quand, au négociant qui lui offre un prix égal à celui qu'il reçoit en vertu d'un traité de faveur, il oppose des conventions faites par les expéditeurs privilégiés avec la Compagnie d'Orléans ;

» Qu'il ne peut exciper que de ce qui concerne son intérêt particulier ; que, s'il en était autrement, on arriverait à cette conséquence qu'en se liant par des conventions réciproques, les Compagnies seraient maîtresses de toutes les existences commerciales ; qu'au lieu de l'égalité, qui est de l'essence du transport par les voies ferrées, l'inégalité serait partout, et que toute sécurité serait enlevée à l'industrie ;

» Qu'ainsi les expéditeurs placés au point le plus éloigné de la frontière pourraient, par des combinaisons factices, être plus favorisés que le négociant de l'intérieur et chasser celui-ci des marchés où la position seule de son établissement assure sa supériorité ;

» Qu'il suit de ce qui précède qu'en refusant d'étendre aux appelants, dans les termes de leur demande, les traités accordés aux négociants de Nantes sur le parcours de Paris à Lyon, la Compagnie intimée a violé son contrat, et qu'il en est résulté pour Delessert et consorts un préjudice dont ils sont fondés à demander la réparation ;

» Met au néant le jugement attaqué ;

» Émendant, ordonne qu'à compter de ce jour la Compagnie de Lyon transportera de Paris à Lyon, au prix de 37 fr. 25 c. par tonne, les sucres raffinés des appelants, à charge par ceux-ci, selon leurs offres, de se conformer, quant au tonnage annuel, au mode de chargement, au paiement du transport et des frais, au déchargement et autres conditions, aux traités faits en 1855 avec Nicolas Cezard et Etienne et Say ;

» Et, appréciant pour le passé le dommage souffert, condamne la Compagnie à payer à Delessert et Ce une indemnité de 1,500 fr. ; à Duffié fils et Mailler, 1,500 fr. ; à Lebertre fils et Lebaudy frères, 1,500 fr. ; à Bayvet et Ce, 1,500 fr. ; à Périer frères, 1,500 fr. ; à Guillion et fils, 1,500 fr. ; à Jeanté et Prévost, 1,500 fr. ; à Labruyère, 1,500 fr. ; à Say, 1,500 fr. ; à Onfroy, 1,500 fr. ; à Pouet, 1,500 fr. ; à Sommier, 1,500 fr. ;

» Ordonne la restitution de l'amende ;

» Condamne la Compagnie de Lyon aux dépens de l'instance et d'appel. »

Un pourvoi fondé sur la violation de l'art. 50 du cahier des charges annexé à la loi du 5 janvier 1852, et par suite sur excès de pouvoir et violation de l'art. 13, titre II de la loi des 16-24 août 1790 et de la loi du 15 fructidor an III, a été formé contre cet arrêt par la Compagnie du chemin de fer de Lyon.

Le 12 avril 1859, la Cour de cassation (1) :

« Vu l'art. 50 du cahier des charges annexé à la loi de concession du che» min de fer de Paris à Lyon, en date du 5 janvier 1852, qui a établi un tarif » légal qui détermine les prix de transport des marchandises par kilomètre » et par tonne, et qui a laissé à la Compagnie la faculté de modifier, dans les » limites de ce maximum, ses prix de transport;

» Attendu que cette faculté ainsi limitée a pu s'exercer de plusieurs ma» nières, et d'abord, par mesure générale, au moyen de nouveaux tarifs éta» blis avec l'homologation du gouvernement, et quelquefois combinés entre plu» sieurs Compagnies de chemin de fer à l'effet d'abaisser les prix de transport » de marchandises, en tenant compte des lieux de provenance et de l'étendue » du parcours ;

» Attendu qu'indépendamment de ces mesures générales, la Compagnie a » pu, suivant l'art. 50 de son cahier d s charges, prendre des arrangements » particuliers ayant pour objet de faciliter des expéditions dans des circons» tances spéciales au moyen de nouvelles réductions des prix de transport con» senties à certaines conditions par des traités faits avec des expéditeurs, sauf » communication préalable au ministre des travaux publics, investi par la » même disposition du pouvoir de déclarer, si l'intérêt public l'exige, les ré» ductions ainsi consenties obligatoires sans conditions vis-à-vis de tous, après » une mise en demeure notifiée à la Compagnie d'avoir à renoncer à l'exécution » de son traité ;

» Attendu qu'il n'appartient pas à une autre autorité qu'à l'autorité adminis» trative, appelée à apprécier ces traités, de faire participer les tiers à leurs » avantages, en les dispensant de remplir les conditions dans lesquelles la » Compagnie a cherché la compensation de ses sacrifices, et, par exemple, en » déclarant communes aux tiers qui n'ont d'expéditions à faire que de Paris à » Lyon, les réductions de prix accordées à des expéditeurs de Nantes par un » traité combiné entre la Compagnie du chemin de fer d'Orléans et celle de » Paris à Lyon, afin d'amener sur cette dernière voie les provenances des ports » de l'Océan et des colonies ;

» Attendu que la participation au bénéfice de ces traités, pour des expéditions

(1) Extrait de Sircy, année 1859, première partie, page 301.

» faites dans d'autres conditions, ne saurait être réclamée en justice comme une » conséquence nécessaire du principe de l'égalité dans la perception des taxes, » ce qui doit s'entendre de l'application égale entre tous du système de rému- » nération adopté par la Compagnie en conformité de son cahier des charges ; » que l'égalité absolue des prix de transport par kilomètre et par tonne ne s'ap- » plique d'une manière nécessaire qu'au maximum fixé, d'après ces bases, par » le tarif légal ; que, sous le régime des tarifs différentiels, l'égalité consiste à » payer le même prix pour le même parcours, et, sous l'empire des traités, à » obtenir les avantages qu'ils accordent en remplissant toutes les conditions qu'ils » imposent ; — d'où il suit qu'en décidant que les défendeurs avaient droit pour » à des expéditions faire de Paris à Lyon, aux réductions de prix consenties par » un traité combiné entre les Compagnies d'Orléans et de Lyon pour des expé- » ditions de Nantes, quoique le point de départ, qui formait la principale condi- » tion de ce traité, ne fût point le même pour les défendeurs, la Cour impériale » de Paris a commis un excès de pouvoir et violé l'art. 50 du cahier des » charges annexé à la loi du 4 janvier 1852 ;

» Casse, etc. »

Du 12 avril 1859, — Ch. civ. — *Président*, M. Troplong. — *Rapp.*, M. Quénault. — *Concl. conf.*, M. de Marnas, pr. av. gén. — *Pl.* MM^{es} Beauvois-Devaux et Mathieu Bodet.

VIII.

AFFAIRE LECLERC-FLEUREAU CONTRE LA COMPAGNIE DU CHEMIN DE FER D'ORLÉANS.

TRANSPORT DE GRAINS ET FARINES.

Refus de payer le prix fixé par le tarif homologué — fondé sur un autre tarif homologué — nonobstant la différence des conditions en ce qui touche les lieux d'expédition et de destination, et la remise au chemin de fer de la totalité des transports.

Jugement du Tribunal de commerce d'Orléans, du 8 octobre 1856. — Arrêt de la Cour d'Orléans du 28 avril 1857. — Arrêt de la Cour de cassation du 8 juin 1859.

Les Compagnies de chemins de fer peuvent par des traités particuliers avec certains expéditeurs, consentir des réductions de tarifs, sans que d'autres expéditeurs qui ne se trouvent pas dans les mêmes conditions soient fondés à s'en prévaloir.

Ainsi, les réductions accordées aux expéditeurs d'une certaine localité pour une autre localité déterminée, ne peuvent profiter aux expéditeurs d'une localité intermédiaire.

Spécialement, les réductions de tarif accordées par la Compagnie du chemin de fer de Paris à Orléans, dans l'intérêt de l'importation des grains étrangers, pour les expéditions faites de Paris sur des places au-delà d'Orléans, sur la ligne du chemin de fer du Centre, ne peuvent profiter aux expéditions faites d'Orléans même sur l'une de ces places.

Les traités particuliers faits par une Compagnie de chemin de fer avec certains expéditeurs, et moyennant certaines conditions particulières, ne peuvent profiter aux autres expéditeurs qu'autant que l'autorité supérieure, à laquelle ces traités particuliers doivent être communiqués, a appelé les tiers à participer à leurs avantages, sans en remplir les conditions (1).

Le tribunal de commerce d'Orléans avait statué, sur cette grave question, en ces termes, le 8 octobre 1865:

(1) Voir le *Journal du Loiret*, des 23 et 28 avril 1857.

« Attendu qu'on ne saurait admettre que le législateur des chemins de fer ait » voulu concéder au monopole des transports un pouvoir de tarification tel que » la Compagnie d'Orléans entend l'exercer ; qu'un pareil pouvoir est inconci- » liable avec la justice et la liberté du commerce, car, au moyen de prix dif- » férentiels arbitrairement établis, il crée entre les expéditeurs des mêmes » marchandises une inégalité destructive de toute libre concurrence et des » avantages naturels que la situation géographique assure respectivement aux » diverses cités commerçantes ;

» Que c'est ainsi que, dans la cause, Leclerc-Fleureau se plaint de ce que » la Compagnie exige, pour le transport de ses grains, de Paris à Orléans, le » prix de 10 fr. par tonne, soit 8 c. par kilomètre, et d'Orléans à Saint-Ger- » main-des-Fossés, celui de 35 fr. 70 c. ; soit, au total, 45 fr. 70 c.. tandis que » ces mêmes grains, transportés de Paris au-delà d'Orléans, ne paient que 5 c. » par tonne et par kilomètre ;

» Attendu que la loi du 26 juillet 1844, consacrant le principe de l'égalité, » principe de droit et de nécessité en face du monopole, oblige (art. 20 du » cahier des charges annexés à ladite loi) la Compagnie à percevoir les taxes » indistinctement et sans aucune faveur ;

» Que cet esprit de justice domine la législation des chemins de fer ; qu'il se » traduit encore dans l'obligation de percevoir par tonne et par kilomètre, et » dans l'interdiction de faire directement ou indirectement avec des entrepre- » neurs de transport des arrangements qui ne seraient pas consentis en fa- » veur de toutes les entreprises desservant les mêmes routes ; qu'en consé- » quence, les dispositions qui permettent à la Compagnie de modifier ses tarifs » doivent être interprétées dans leur application, selon cet esprit et ce prin- » cipe d'égalité ;

» Que c'est à tort que la Compagnie prétend qu'il suffit que des tarifs aient » été admis par l'administration ; car cette règle, protectrice du droit des tiers, » écrite en termes si positifs dans la loi, que la perception doit se faire indis- » tinctement et sans aucune faveur, pourrait devenir lettre morte, si elle n'avait » pour sanction la justice des tribunaux ;

» Attendu qu'aucun texte ne donne à l'administration seule l'application de » la légalité des tarifs dont la loi permet l'abaissement dans l'intérêt général ; » que si l'administration a le droit et le devoir de contrôler les changements » de tarifs et les traités particuliers que la Compagnie aura contractés, ce » droit tutélaire des intérêts du public et du commerce ne saurait, par suite » des erreurs ou de la tolérance de l'autorité, tourner au préjudice de ces » mêmes intérêts, car il n'est pas exclusif du recours des tiers à la loi ; il » s'exerc eindépendamment de l'action des intérêts privés, avec laquelle il n'est

» nullement incompatible ; qu'enfin la légalité des tarifs ne résulte pas de leur » homologation, mais de leur conformité aux prescriptions de la loi ;

» Attendu en fait, en ce qui concerne le premier chef de la demande, que la » perception exigée de Leclerc-Fleureau pour le transport des grains dont il » s'agit dans la cause, blesse ouvertement l'égalité voulue par la loi ; que le » tarif invoqué par la Compagnie est abusif et illégal ; qu'en l'appliquant ainsi, » elle rend impossible toute concurrence entre ce commerçant et ceux de Paris » ou des contrées au-delà d'Orléans ; qu'elle lui a, par ce fait occasionné un » préjudice dont elle lui doit réparation ;

» Quant au second chef :

» Attendu que la Compagnie, en consentant une réduction de prix aux meu- » niers d'Etampes qui lui remettent toutes leurs marchandises, sans exiger la » condition d'une quantité arbitraire de tonnage que quelques-uns seulement » peuvent remplir, et en offrant à Leclerc-Fleureau les mêmes avantages, n'a » point violé le principe d'égalité prescrit par la loi, car il dépend de tous les » commerçants d'en profiter, pouvant tous remplir la condition de remettre la » totalité de leurs marchandises,

» Dit que la Compagnie du chemin de fer d'Orléans doit percevoir 5 cen- » times par tonne et par kilomètre pour les grains expédiés par Allard sur le » parcours de la ligne de Paris à Orléans et au-delà ; la condamne à restituer » à Leclerc-Fleureau la somme de 136 fr. 09 c., perçue en trop sur l'expédi- » tion dont il s'agit ;

» Et, à raison du préjudice qu'elle lui a causé par suite de ce tarif différen- » tiel dont il se plaint, la condamne à des dommages-intérêts qui seront fixés » sur état ;

» Déclare Leclerc-Fleureau non recevable et mal fondé dans le second chef » de sa demande, l'en déboute. »

Appel par la Compagnie.

Après les plaidoiries, M. le procureur général Martinet a pris la parole. Voici d'après le *Journal du Loiret*, le résumé de ses conclusions dans cette affaire.

» L'émotion produite par l'affaire soumise à la Cour se justifie par la portée que peut avoir la décision à intervenir et par la gravité des intérêts qu'elle soulève. En effet, en réclamant à la Compagnie d'Orléans des sommes déterminées par les conclusions de la demande, on remet en question l'économie générale de l'exploitation des chemins de fer et la légalité des tarifs qui ont servi de base aux perceptions opérées depuis le commencement de cette exploitation. Si la Compagnie d'Orléans doit à M. Leclerc-Fleureau les restitutions considérables qu'il réclame, elle les doit à tous les commerçants qui, depuis quinze ans, ont subi la loi des tarifs différentiels. Si ces tarifs ont été illégaux pour la Compagnie d'Orléans, ils l'ont été pour toutes les Compagnies de chemins de fer de France : toutes peuvent être l'objet d'actions en restitution semblables à celle de M. Leclerc-Fleureau. C'est dire assez que ce procès est un grand procès.

» Les faits sont des plus simples ; il faut rappeler ce qu'il est essentiel de n'avoir point oublié : c'est d'abord que, le 17 juillet 1856, les soixante-deux sacs de seigle expédiés à Paris à M. Leclerc-Fleureau étaient à destination d'Orléans, les bulletins d'expédition l'attestent; c'est ensuite que Leclerc-Fleureau a, quatre jours après l'arrivée en gare de ces soixante-deux sacs de seigle, demandé leur réexpédition, partie à Saint-Germain-des-Fossés et partie à Issoudun ; c'est enfin qu'il a prétendu devoir payer le prix du transport comme si les marchandises avaient été directement adressées de Paris à ces deux localités, et non comme si elles étaient parties d'Orléans. La Compagnie a refusé de faire droit à cette demande. — Premier chef du procès.

« Le deuxième chef repose sur le refus de la Compagnie de transporter dix sacs de blé d'Orléans à Paris au prix d'un traité passé entre elle et des meuniers d'Étampes.

» De là deux questions :

» Les tarifs différentiels sont-ils autorisés par le cahier des charges?

» Les traités particuliers le sont-ils également?

» On sait ce qu'il faut entendre par traités différentiels : ces mots sont passés aujourd'hui même dans le langage judiciaire. Ce sont des tarifs qui permettent de recevoir des taxes non proportionnelles à la distance parcourue.

» Quant aux traités particuliers, ce sont des actes par lesquels des conditions meilleures sont faites pour le transport des marchandises à certains négociants qui, de leur côté, remplissent des obligations spéciales et déterminées.

» Ces tarifs et ces traités sont-ils prohibés par le cahier des charges? Voilà les questions du procès.

» Commençons par les tarifs différentiels. Il faut le reconnaître, de vives critiques se sont élevés dans ces derniers temps, de la part des chambres de commerce et des villes intermédiaires, contre ces tarifs. Des pétitions graves et nombreuses ont été adressées au sénat, examinées avec soin par ce grand corps de l'État, qui les a trouvées légitimes et les a renvoyées aux ministres compétents. Dans cette enceinte aussi, des critiques habiles vous ont été offertes, et nous n'avons pas l'intention de les reproduire en détail, ni surtout de les examiner toutes les unes après les autres.

» Le défenseur de Leclerc-Fleureau a fait une large concession : il ne réclame pas l'uniformité kilométrique absolue. Il a certes bien raison, car une pareille uniformité n'est point évidemment exigée par le cahier des charges ; mais il demande l'égalité de tous devant les chemins de fer. Ce n'est pas uniformité, c'est égalité qu'il réclame. On concède qu'on peut payer 10 fr. pour les 120 kilomètres qui séparent Paris d'Orléans, et 6 fr. seulement pour les 120 qui séparent Orléans de Tours ; mais on veut que, soit qu'on parte de Paris, soit qu'on parte d'Orléans pour Tours, on paie 10 fr. jusqu'à Orléans, 6 fr. jusqu'à Tours.

» On a signalé de nombreux chiffres, des exemples multiples qui constateraient que les points extrêmes sont infiniment mieux traités que les villes intermédiaires. On s'est élevé contre ces ligues coupables organisées contre la navigation fluviale et maritime, contre le roulage et contre toute entreprise de transport.

» Il y a peut-être quelques erreurs dans les chiffres, quelques exagérations dans les plaintes, mais certainement il y a beaucoup de citations vraies, beaucoup de chiffres incontestables. En reste-t-il assez pour justifier la demande et l'action de M. Leclerc-Fleureau? M. le procureur général ne voit aucun inconvénient à le dire dès à présent : cette demande lui paraît complétement inadmissible. La simple lecture d'un article du cahier des charges en fait à son sens complète et bonne justice. Il ne s'agit pas d'attaquer ni de défendre ce qu'on appelle les abus des tarifs différentiels, appliqués dans tous les pays, protégés peut-être à un point de vue élevé par des intérêts puissants et généraux. Ce n'est ni sa tâche ni son devoir d'examiner ces thèses de haute économie. Les tarifs ont-ils été légalement établis, les taxes ont-elles été légalement perçues ? Voilà ce qu'il faut rechercher, rien de plus, rien de moins.

» Il n'y a encore sur cette question aucune décision judiciaire, les arrêts antérieurs se référant tous à des contestations élevées à l'occasion de marchés particuliers. C'est M. Leclerc-Fleurau qui a, le premier, songé à attaquer des tarifs homologués par l'administration. L'arrêt de la Cour d'Orléans sera le premier, et l'on peut dire sans illusion qu'il devra être le dernier, car la question est résolue nettement et catégoriquement par le cahier des charges. Ce n'est pas d'aujourd'hui qu'on s'est demandé si les tarifs différentiels pouvaient être établis ; on a lu à la Cour de nombreuses citations empruntées aux discussions devant les Chambres ; eh bien, toujours les amendements qui voulaient ramener l'uniformité absolue ont été rejetés. Il faut donc revenir à la loi des Compagnies et du public : au cahier des charges.

» C'est dans l'article 20 du cahier de 1844 que se trouve le droit qui régit les Compagnies. Quoi de plus clair, quoi de plus formel ? Les Compagnies peuvent abaisser les taxes soit pour le parcours total, soit pour les parcours partiels. Ceci ne se discute pas : c'est la faculté de faire des tarifs différentiels écrite en toutes lettres dans la loi. C'est là son économie ; on n'a pas à juger si elle est bonne ou mauvaise, on a à appliquer la loi, à lui obéir. D'ailleurs, le législateur a accumulé les garanties : 1° défense de relever les taxes abaissées avant qu'une année se soit écoulée ; 2° avertissement donné par affiche au public un mois à l'avance, pour qu'il puisse faire entendre ses plaintes et ses réclamations ; 3° enfin, et tout est là, nécessité de l'homologation par le ministre.

» On dit : Mais qu'entendez-vous par homologation ? Est-ce que c'est un acte sérieux ? Qu'on y prenne garde, c'est le procès au gouvernement qu'on fait là, et non plus aux Compagnies. C'est, de plus, un procès injuste, car la surveillance est sérieuse. Le ministre n'homologue pas toujours ; les Compagnies sont soumises à son autorité. Ce sont des vassales riches et puissantes : oui, mais ce sont des vassales soumises à l'obéissance. Elles ne sont pas aussi maîtresses qu'on le dit. Depuis le ministre jusqu'au simple commissaire de surveillance, combien d'agents font mouvoir l'administration ! Et celle de la justice ! Préfets, ingénieurs, procureurs impériaux, que de fonctionnaires chargés d'un contrôle qu'elles supportent peut-être avec un peu de peine, mais sous lequel elles se courbent pourtant ! Non, l'homologation n'est pas une vaine formalité ! Voici un dossier rempli de propositions de la Compagnie (M. le procureur général tient à la main une liasse de papiers volumineuse) au ministre des travaux publics ; on en trouve quelques-unes qui sont repoussées entièrement, et il n'en est pas une seule qui soit approuvée sans de larges et de très-libérales modifications. L'homologation est donc précédée d'un examen sérieux.

» Cependant on a insisté, et l'on a dit que les homologations étaient si peu sérieuses, que des administrateurs bien connus, MM. Marc et Pereire, avaient, dans certaines circonstances, prétendu que c'était un acte de pure forme. Lors même que cela serait vrai, qu'importe ? Si la loi attache un effet à ces homologations de forme, c'est toujours la loi qu'il faut appliquer. Mais l'homologation n'est pas ce semblant de droit dont parlent quelques administrateurs.

» Le sens et la portée des homologations ont été depuis longtemps déterminés.

» Lors de la discussion du cahier des charges de la Compagnie de Lyon à la Chambre des pairs, M. Laplagne-Barris demandait où était la loi qui défendait aux Compagnies de créer des tarifs contre lesquels aucune industrie de transport ne pourrait lutter. Le ministre lui répondit qu'elle était dans l'article 36 du cahier des charges, copie littérale de l'article 20 du cahier des charges de la Compagnie d'Orléans. Mais, répliqua M. Laplagne, l'homologation est-elle l'exercice d'un pouvoir administratif sérieux et réel ? Jamais on ne l'a entendu autrement, reprit le ministre ; il n'y a pas de pouvoir plus complet et plus réel. Et il se sert indistinctement des mots approbation, autorisation et homologation. (M. le procureur général lit quelques passages du *Moniteur*.)

» Le droit d'homologation emporte donc le droit d'examiner, d'accorder et de refuser; ce n'est pas une lettre morte dans les mains du ministre.

» Ceci bien compris en droit, n'est-il pas constant en fait que les tarifs dont se plaint M. Leclerc-Fleureau ont été homologués par l'autorité compétente? Que pèsent dès lors les griefs de M. Leclerc-Fleureau? Les bulletins d'expédition de ses seigles portent la destination d'Orléans : il doit payer le tarif de Paris à Orléans; il les a ensuite expédiés d'Orléans à Saint-Germain-des-Fossés et Issoudun : il doit payer la taxe d'Orléans à ces deux localités. S'il pouvait, quand ses marchandises ont été expédiées de Paris à Orléans seulement, les garder quatre jours en gare, puis les faire conduire plus loin, et ne payer que le tarif de Paris au lieu où il lui plairait de les envoyer, pourquoi n'aurait-il pas ce droit après dix, après quinze, vingt ou trente jours? Quelle sera la limite et quelle gare pourra suffire à un pareil encombrement?

» La Compagnie est restée dans son droit quand elle a appliqué les tarifs homologués par M. le ministre. Aussi Leclerc-Fleureau a-t-il été entraîné jusqu'à dire que ces tarifs ne le lient pas, et que les tribunaux ont le droit de décider qu'il paiera une taxe autre que celle portée au tarif pour la distance parcourue par ses marchandises.

» Cela n'est pas possible ; les tribunaux ne peuvent s'immiscer dans le contrôle des actes de l'autorité administrative. Il se présente ici une fin de non-recevoir infranchissable, tirée du principe tutélaire de la séparation des pouvoirs. La loi a dit formellement que les perceptions seraient licites quand les tarifs auraient été homologués. M. Leclerc-Fleureau demande à la Cour de décider le contraire, c'est-à-dire de défaire ce que le ministre a fait en vertu des pouvoirs qu'il a reçus de la loi. Quelle étrange condition serait faite aux Compagnies ! Les tribunaux civils les condamneraient quand elles auraient fait des perceptions basées sur des tarifs homologués, et les tribunaux correctionnels devraient, aux termes de l'ordonnance de 1846, les punir pour n'avoir pas appliqué ces mêmes tarifs! Il n'en peut être ainsi, et le Conseil d'État, par un arrêté du 21 avril 1853, a justement réprimé une pareille immixtion de l'autorité judiciaire dans les pouvoirs de l'autorité administrative. Cette raison de décider suffirait à elle seule pour faire rejeter les propositions de Leclerc-Fleureau, et infirmer, sur la question des tarifs différentiels, le jugement du tribunal de commerce d'Orléans. »

M. le procureur général examine ensuite la seconde question du procès.

« Les marchés particuliers sont-ils autorisés ou défendus par le cahier des charges? Ici encore la solution doit être favorable à la Compagnie. On a dit que c'était consacrer le droit du fort contre le faible. Encore une fois, il ne s'agit pas de faire la loi, il s'agit de l'appliquer. Si le droit est du côté de la force et de la puissance, est-ce une raison pour le méconnaître? Non évidemment.

» On a plaidé que le principe était celui de l'égalité pour tous, et que l'ordre public exigeait qu'il en fût ainsi; ce principe, on le dit formulé dans ces mots : *Les taxes seront perçues indistinctement et sans aucune faveur*. C'est là la pierre unique sur laquelle repose l'édifice de Leclerc-Fleureau. C'est une base bien fragile, car il suffit de lire l'article du cahier des charges tout entier pour trouver immédiatement, après cette phrase sacramentelle, l'autorisation donnée aux Compagnies d'accorder des conditions particulières à certaines personnes. D'ailleurs le contrôle de l'administration s'exerce encore ici. La faveur faite à un seul peut être déclarée commune à tous par le ministre. N'est-ce pas assez clair, et le second chef de demande se soutient-il mieux que le premier? »

M. le procureur général discute ici, avec une grande netteté, la doctrine d'un arrêt de la Cour de Paris, arrêt excellent dans son dispositif, dit-il, mais dont certains motifs prêtent à la plus sérieuse critique. Il cite en sens opposé un arrêt de la Cour de Rouen qui a en quelques mots résumé toute la doctrine.

« Il ne faut donc pas s'attacher aux expressions tant de fois citées : l'égalité absolue devant les chemins de fer n'est pas possible; celle-là seulement peut être exigée qui, pour des obligations semblables, réclame des faveurs semblables.

» S'il était besoin d'une nouvelle raison de décider, ne la trouverait-on pas dans le fait significatif de l'émotion causée au sein du gouvernement par les plaintes dirigées contre les Compagnies et le résultat qu'elles ont produit? Qu'a fait le gouvernement? S'il y avait eu violation de la loi, il aurait renvoyé les plaignants aux tribunaux. Or, ce n'est point ainsi qu'il a agi; il a préparé un nouveau cahier, qui porte en toutes lettres : « Les marchés de faveur sont interdits. » A quoi bon un nouveau cahier de charges si la loi actuelle est formelle en ce point?

» La Cour repoussera donc cette seconde prétention de Leclerc-Fleureau comme elle repoussera la première; elle voudra, par la sagesse et la fermeté de son arrêt, empêcher que de pareils procès se produisent de nouveau; elle voudra détruire dans leur source les dangereuses illusions que pourraient entretenir les adversaires des Compagnies. La décision de la Cour apprendra qu'on ne peut demander aux tribunaux d'anéantir les actes émanés du pouvoir régulier de l'administration : elle consacrera une fois de plus l'indépendance des deux pouvoirs et le principe tutélaire qui garantit à chacun d'eux la liberté de son action,

La Cour a rendu l'arrêt suivant :

« La Cour,

» En ce qui touche l'appel principal :

» Attendu que, le 18 juillet 1856, il a été expédié de la gare d'Ivry pour Or- » léans, quarante-deux sacs de blé-seigle par un sieur Allard, de Paris, à Le- » clerc-Fleureau ; que ces grains, après être restés quatre jours à la gare » d'Orléans, ont été réexpédiés sur la demande de Leclerc-Fleureau, posté- » rieure à leur arrivée, à savoir : quarante-deux sacs à la destination de Saint- » Germain-des-Fossés, et vingt sacs à celle d'Issoudun ; qu'il est ainsi inter- » venu entre les parties deux conventions distinctes : la première, par laquelle » la Compagnie s'obligeait à transporter les grains de Paris à Orléans, et la » seconde, pour le transport de ces mêmes grains d'Orléans à Issoudun et à » Saint-Germain-des-Fossés; que c'est donc avec raison qu'il a été perçu, » par les agents de la Compagnie, un droit pour chacun de ces transports;

» Attendu que cette perception a été faite régulièrement en vertu des tarifs » généraux concédés à la Compagnie d'Orléans et homologués conformément » à l'art. 20 du cahier des charges annexé à la loi du 26 juillet 1844 et à » l'art. 44 de la loi du 15 juillet 1846, dont les termes sont clairs et précis ;

» Que ce n'était pas le cas d'appliquer le tarif réduit, pour le transport des » grains, approuvé par décision ministérielle du 29 septembre 1853 et rendu » exécutoire pour le département du Loiret, par arrêté du préfet en date du » 6 octobre suivant, lequel tarif fixe le prix à 10 francs de Paris à Orléans, et à » 5 centimes par kilomètre et par tonne pour les stations au delà, puisqu'il ne » dispose que pour le cas où les grains sont expédiés directement de Paris, et » qu'il n'a pas trait aux expéditions provenant de lieux intermédiaires ;

» Attendu que la Compagnie d'Orléans, en proposant le tarif de 1853 à la » sanction ministérielle, a puisé son droit dans les termes formels du § 10 de » l'art. 20 de la loi du 26 juillet 1844, qui lui donne la faculté, quand elle le » juge convenable, d'abaisser au-dessous du prix maximum, soit pour le par- » cours total, soit pour les parcours partiels, les taxes qu'elle est autorisée à » percevoir, à la condition expresse, qui par elle a été remplie, d'obtenir » l'homologation de l'autorité supérieure;

» Attendu qu'il n'est pas exact de dire que c'est au mépris de la règle qui » prescrit la perception des taxes indistinctement et sans faveur que la Com- » pagnie a consenti une réduction aux prix portés aux tarifs au profit de cer- » tains expéditeurs; qu'en effet, si, par ces expressions qui se rencontrent » dans le § 12 de la loi précitée, on avait entendu proscrire les tarifs diffé- » rentiels et ceux de faveur, cette prohibition eût été énoncée en termes exprès, » tandis que la loi, après avoir dit que la Compagnie aurait la faculté d'abaisser

» les tarifs pour le parcours total, de même que pour les parcours partiels, im-
» médiatement après les mots : « indistinctement et sans faveur, » ajoute que
» la Compagnie peut accorder à un ou plusieurs expéditeurs une réduction sur
» l'un des prix portés au tarif, à la charge d'en donner connaissance à l'admi-
» nistration, ce qui impliquerait entre ces dispositions une contradiction qui
» les rendrait inconciliables ;

» Qu'en édictant cette clause, le législateur a voulu seulement s'opposer au
» retour des abus qui se présentaient fréquemment avec les anciens modes
» de transport, en ne permettant pas aux Compagnies d'établir de distinction
» entre les expéditeurs, soit par le refus de transport, soit en accordant un
» tour de faveur, au lieu de suivre l'ordre des demandes, et qu'on a si peu
» entendu prescrire par là une égalité parfaite pour tous les cas, que la loi a
» pris soin d'autoriser les Compagnies à consentir des réductions à un ou plu-
» sieurs expéditeurs avec cette seule obligation, que l'autorité peut déclarer
» la réduction une fois consentie obligatoire au profit de tous ; qu'on est donc
» amené à conclure que les taxes, dont la perception, d'après la loi du
» 26 juillet, doit se faire indistinctement et sans faveur, ne sont autres que
» l'ensemble des taxes résultant des tarifs généraux ou spéciaux de la Com-
» pagnie, et des traités particuliers consentis par elle régulièrement ;

» Attendu que c'est dans ce sens que cette disposition a été interprétée par
» le gouvernement, alors que lui-même exploitait plusieurs lignes de chemins
» de fer, et à diverses reprises par le pouvoir législatif ;

» Qu'en vain Leclerc-Fleureau oppose, comme l'ont à tort déclaré les pre-
» miers juges, que le tarif serait abusif et illégal si les dispositions n'en étaient
» appliquées à tous indistinctement et sans faveur ; qu'il n'appartient pas à
» l'autorité judiciaire de rétracter ou de modifier un tarif homologué par l'au-
» torité compétente ; que s'il s'y rencontre des dispositions de nature à com-
» promettre les intérêts du commerce et à rendre impossible, comme on l'a
» allégué, toute concurrence entre des commerçants d'une ville et ceux d'une
» autre localité, c'est à l'administration supérieure, gardienne vigilante de ces
» droits, que ces doléances doivent être adressées et non aux tribunaux ;

» Qu'il suit de là que la Cour, se trouvant en présence du tarif dûment ho-
» mologué fait pour des cas particuliers, ne saurait en étendre l'application
» générale sans s'immiscer dans la connaissance d'actes administratifs, ce que
» la loi lui interdit formellement :

» En ce qui touche l'appel incident :

» Attendu que, le 26 juillet 1856, Leclerc-Fleureau a expédié d'Orléans à
» Paris 1,200 kilogrammes de blé, et que le prix du transport a été réglé par

» les agents de la Compagnie à raison de 19 fr. 50 c. par tonne, suivant les » tarifs généraux homologués par l'autorité compétente; que c'est avec une » juste raison que le jugement dont est appel a repoussé en ce point la demande » de Leclerc-Fleureau en restitution de la somme de 6 francs qui, suivant lui, » aurait été indûment perçue, et a dit que ce n'est pas le cas de lui accorder » la réduction consentie par la Compagnie au profit des meuniers d'Étampes; » que, pour jouir de la faveur accordée à ceux-ci, il aurait dû se soumettre à » toutes les obligations qui leur étaient imposées par les traités passés entre » eux et la Compagnie, et qui ont été mis à la connaissance de l'adminis- » tration.

» En ce qui touche les dommages-intérêts :

» Attendu que de ce qui précède il résulte que la Compagnie d'Orléans n'a » fait qu'user d'un droit qui lui a été accordé par le cahier des charges de sa » concession, sous le contrôle et la surveillance de l'administration supérieure, » et que dès lors elle ne peut être exposée à une action en dommages-intérêts » pour avoir fait ce que la loi lui a permis de faire;

» Par ces motifs,

» La Cour reçoit la Compagnie du chemin de fer d'Orléans appelante d'un » jugement rendu par le tribunal de commerce d'Orléans, le 8 octobre 1856;

» Met le jugement dont est appel au néant, quant au premier chef de la » demande de Leclerc-Fleureau; émendant, décharge la Compagnie des con- » damnations contre elle prononcées;

» Ordonne la restitution de l'amende consignée, et, faisant ce que les pre- » miers juges auraient dû faire, déclare Leclerc-Fleureau mal fondé dans sa » demande en restitution de 136 fr. 49 c., et en dommages-intérêts;

» Le déclare également mal fondé dans ses conclusions d'appel incident; » ordonne qu'en ce point le jugement sortira effet, et le condamne aux dépens. »

Le sieur Leclerc-Fleureau s'est pourvu en cassation contre cet arrêt.

1° Pour violation de l'art. 20 du cahier des charges annexé à la loi du 26 juillet 1844, du tarif approuvé par l'arrêté ministériel du 28 septembre 1853, et de l'art. 44 de la loi du 15 juillet 1846, en ce que l'arrêt attaqué a refusé d'appliquer à une expédition de grains, faite par le demandeur, de Paris à Saint-Germain-des-Fossés et à Issoudun, la réduction de prix établie par ce tarif pour les expéditions de grains faites de Paris aux localités desservies par le chemin de fer de Paris à Orléans, sur son prolongement du Centre, sous prétexte que dans l'espèce, les grains envoyés de Paris à Orléans, puis d'Orléans à Saint-Germain-des-Fossés et à Issoudun, devaient être considérés comme expédiés non de Paris, mais d'Orléans;

2° Pour violation de l'art. 20 du cahier des charges annexé à la loi du 26 juillet 1844, en ce que la Cour impériale a refusé de faire participer le demandeur à la réduction consentie par la Compagnie de Paris à Orléans, au profit de divers autres expéditeurs, en se fondant sur ce qu'il ne s'était pas soumis aux conditions imposées à ces derniers, bien que la Compagnie n'ait jamais fait connaître ces conditions aux expéditeurs étrangers à son traité.

Le 8 juin 1859, la Cour de cassation a rendu l'arrêt suivant (1):

« Sur le premier moyen :

» Attendu que l'arrêt attaqué, en décidant que deux conventions sont intervenues entre la Compagnie du chemin de Paris à Orléans et Leclerc-Fleureau ou son représentant, relatives, l'une à un transport de grains de Paris à Orléans, l'autre au transport des mêmes grains, d'Orléans à Saint-Germain-des-Fossés et à Issoudun, a fait, des actes et documents qui lui ont été soumis, une appréciation qui échappe au contrôle de la Cour; qu'étant admis que deux transports distincts ont eu lieu, il n'y a plus à examiner que la question d'applicabilité des tarifs de 1853 ;

» Attendu que ces tarifs, dans l'intérêt de l'importation des grains étrangers, ont effectivement abaissé les prix de transport, mais en indiquant les lieux d'expédition et les lieux de destination; que, plus spécialement et dans l'intérêt de la répartition de ces grains dans le centre de la France, les mêmes tarifs ont réduit les prix de transport de grains destinés aux stations sises au-delà d'Orléans, mais en subordonnant cette réduction au départ de la gare d'Ivry;

» Et attendu, en fait, qu'il est reconnu par l'arrêt attaqué que les grains adressés par Leclerc-Fleureau aux gares de Saint-Germain-des-Fossés et d'Issoudun ont été expédiés de la gare d'Orléans et non de celle d'Ivry ; d'où il résulte qu'en déclarant les tarifs de 1853 inapplicables à l'expédition dudit Leclerc-Fleureau et en maintenant l'application des tarifs généraux à cette expédition, ledit arrêt n'a violé aucune loi, non plus que les tarifs de 1853 ;

» Sur le deuxième moyen :

» Attendu que l'article 20, § 10, du cahier des charges annexé à la loi du 26 juillet 1844, permettait à la Compagnie du chemin de fer d'Orléans de réduire les prix de transport à l'égard d'un ou plusieurs expéditeurs, en compensation des charges et conditions acceptées par ceux-ci ; que ces traités par-

(1) Extrait de Sirey, année 1859, 1re partie, page 706.

ticuliers n'étaient pas assujettis à une homolagotion préalable par l'autorité supérieure, à laquelle était seulement réservé le droit de rendre lesdits traités obligatoires vis-à-vis de tous les expéditeurs; et attendu que l'arrêt attaqué constate, en fait, que le traité intervenu avec les meuniers d'Étampes a été communiqué à l'autorité supérieure; que celle-ci n'a point usé du droit qui lui appartenait de déclarer ce traité obligatoire à l'égard de tous autres expéditeurs; qu'enfin Leclerc-Fleureau, en demandant à être admis au bénéfice du traité passé avec les meuniers d'Étampes, n'a pas offert de se soumettre aux charges et conditions imposées à ceux-ci; d'où il résulte qu'en déclarant l'expédition faite par Leclerc-Fleureau, d'Orléans à Paris, sujette aux droits fixés par les tarifs généraux, ledit arrêt n'a violé aucune loi;

» Rejette. »

Du 8 juin 1859. — Ch. civ. — *Président*, M. Bérenger. —*Rapp.*, M. Quénobie. — *Concl. conf.*, M. Sévin, av. gén. — *Pl.*, MM[es] Maulde et P. Fabre.

IX.

AFFAIRE GROS-COLLET, BOULARY ET ANCET CONTRE LA COMPAGNIE DU CHEMIN DE FER DE LYON A LA MÉDITERRANÉE.

TRANSPORT DE SELS.

Refus de payer le prix fixé par le tarif homologué — fondé sur un traité particulier — nonobstant la différence des conditions en ce qui touche la remise au chemin de fer de la totalité des transports et l'engagement de fournir un minimum de tonnage.

Jugement du tribunal de commerce de la Seine, du 12 novembre 1856.

Une Compagnie de chemin de fer qui a droit, aux termes de son cahier des charges, de consentir au profit d'un expéditeur, en échange d'avantages déterminés, une réduction sur l'un des prix portés à son tarif, peut en refuser le bénéfice à ceux qui n'acquiescent pas envers elle-même aux mêmes conditions (1).

« La question de réduction du prix des tarifs des chemins de fer au profit de certains expéditeurs continue de diviser les tribunaux et n'a rien perdu de son intérêt d'actualité.

» Le tribunal de commerce de Paris, saisi de nouveau de cette question, a persisté dans sa jurisprudence.

» Voici le texte du jugement qui a été rendu sur les plaidoiries de Me Schayé, agréé de MM. Gros-Collet, Boulary et Ancet, et de Me Deleuze, agréé du chemin de fer :

« Le tribunal,

» Attendu qu'il s'agit de décider si la Compagnie du chemin de fer de Lyon » à la Méditerranée est en droit de consentir au profit d'un expéditeur, en

(1) Extrait du *Journal des chemins de fer* du 29 novembre 1856, page 959.

» échange d'avantages déterminés, une réduction sur l'un des prix portés à » son tarif et d'en refuser le bénéfice à ceux qui n'acquiesceraient pas en- » vers elle aux mêmes conditions ;

» Attendu que l'art. 41 du cahier des charges qui régit cette Compagnie » renferme le paragraphe suivant : « La perception des taxes devra se faire » par la Compagnie indistinctement et sans aucune faveur. Dans le cas où la » Compagnie aurait accordé à un ou plusieurs expéditeurs une réduction sur » l'un des prix portés au tarif, avant de le mettre à exécution, elle devra en » donner connaissance à l'administration, et celle-ci aura le droit de déclarer » la réduction, une fois consentie, obligatoire vis-à-vis de tous les expédi- » teurs et applicable à tous les articles d'une même nature. La taxe ainsi » réduite ne pourra, comme pour les autres réductions, être relevée avant » un délai d'un an ; »

» Attendu que, le 15 mai 1855, les administrateurs du chemin de fer de » Lyon à la Méditerranée ont consenti, au profit des sieurs Agard et Mion, » propriétaires de salines, une réduction sur le prix de leur tarif, moyennant » l'engagement pris par ces derniers : 1° d'employer exclusivement la voie du » chemin de fer pour le transport de tous ceux de leurs produits qu'ils au- » raient à diriger sur des localités desservies par leur ligne ; 2° de leur re- » mettre par an au moins 10,000 tonnes ;

» Qu'avant de faire jouir les sus-nommés de cette réduction, les directeurs » du chemin précité en ont référé à l'administration supérieure, laquelle en » a, le 14 août suivant, autorisé l'application, sans rendre, quant alors, cette » réduction profitable à tous, se réservant de le décider à toute époque, si » l'intérêt général l'exigeait ; »

» Attendu que, sur la réclamation des demandeurs, la Compagnie du che- » min de fer leur a proposé d'appliquer le même tarif à leurs envois, moyen- » nant qu'ils lui assureraient les mêmes avantages ;

» Que Gros-Collet, Boulary et Ancet ont repoussé cette proposition et ont » demandé qu'il fût fait défense à la Compagnie du chemin de fer de plus à » l'avenir consentir aucun traité portant réduction sur le tarif applicable à » tous, avec 30,000 francs de dommages-intérêts pour le préjudice causé ;

» Que pour bien apprécier la difficulté, il convient de se reporter aux dis- » cussions qui ont eu lieu dans l'Assemblée législative, à l'occasion du para- » graphe sus-relaté, sur l'interprétation duquel les parties ne sont pas d'accord;

» Attendu que deux opinions bien tranchées étaient alors en présence : » l'une, qui tendait à rendre de plein droit obligatoire au profit de tous la » réduction consentie à un seul ; l'autre, qui voulait laisser au gouvernement

» le droit de déclarer la réduction profitable à tous, mais ne lui en faisant » pas une condition;

» Qu'il est constant que c'est à ce dernier parti que la majorité s'est rangée; » que, dès lors, les demandeurs ne sauraient être en droit de profiter d'un » avantage dont ils n'offrent pas la compensation ;

» Qu'il convient d'ajouter que si, dans beaucoup de circonstances, il est à » désirer que les réductions consenties au profit d'un expéditeur soient appli- » cables à tous, il en est quelques-unes où des intérêts généraux expliquent » parfaitement l'exception ;

» Que, dans l'espèce, les demandeurs ont si bien compris quel était leur » droit réel, qu'ils se sont adressés au gouvernement, pour faire déclarer la » réduction consentie applicable à leurs marchandises, sans engagement de leur » part;

» Par ces motifs :

» Déclare Gros-Collet, Boulary et Ancet mal fondés en leur demande, les en » déboute avec dépens. »

X.

AFFAIRE DÉCHANET CONTRE LA COMPAGNIE DU CHEMIN DE FER D'ORLÉANS.

TRANSPORT DE PRODUITS MÉTALLURGIQUES ET MATIÈRES PREMIÈRES.

Refus de payer le prix fixé par un traité particulier — fondé sur un autre traité particulier — nonobstant la différence des conditions en ce qui touche le tonnage, la nature des marchandises transportées, etc. (1).

Jugement du tribunal de commerce de la Seine, du 31 décembre 1856.

Le principe que la perception des taxes établies par les cahiers des charges des chemins de fer doit se faire indistinctement et sans aucune faveur, ne fait pas obstacle à ce qu'il soit passé avec des tiers des traités particuliers.

Ces traités ne blessent pas l'égalité, lorsqu'il est tenu compte dans les clauses et stipulations qu'ils renferment, des circonstances particulières relatives à la nature des marchandises transportées, à la situation topographique des établissements industriels, au minimum de tonnage garanti, etc.

S'il est vrai qu'un recours en justice est toujours ouvert à ceux qui se prétendent lésés, ce ne peut être que dans le cas où ceux-ci peuvent prouver que, dans des conditions égales et analogues, la Compagnie du chemin de fer leur refuse des concessions qu'elle accorde à d'autres.

« Ces questions ont été soulevées devant le tribunal de commerce de la Seine dans les circonstances suivantes :

» En mars 1851, MM. Déchanet père et fils, maîtres de forges à Mareuil

(1) Extrait du journal *le Droit* du 21 février 1857.

(Cher), avaient fait avec la Compagnie du chemin de fer d'Orléans des conventions pour le transport à prix réduits de leurs produits et matières premières.

» Ces conventions ayant pris fin le 31 décembre 1855, MM. Déchanet, à l'occasion du solde de transport à eux réclamé, demandèrent l'application à leurs transports, non pas du prix de 10 c. par tonne et par kilomètre qui avait été fixé dans leur traité, mais des prix kilométriques inférieurs qui avaient été fixés dans deux autres traités passés avec deux établissements de même nature, ceux de Bigny et de Fourchambault.

» MM. Déchanet fondaient leurs prétentions sur la disposition du cahier des charges de la Compagnie, portant que « la perception des taxes doit se faire par la Compagnie indistinctement et sans aucune faveur. »

» La Compagnie répondait, en invoquant les dispositions du même cahier des charges :

» 1° Qu'elle avait toujours le droit de faire à un ou plusieurs expéditeurs une réduction sur les prix portés au tarif, sauf par le ministre à rendre la réduction, une fois consentie, obligatoire vis-à-vis de tous les expéditeurs, et applicable à tous les articles de même nature ;

» 2° Que les réductions particulières accordées aux usines de Bigny et de Fourchambault avaient d'ailleurs été motivées par leur position géographique, beaucoup plus rapprochée des voies d'eau, et qu'elles étaient compensées pour MM. Déchanet par d'autres avantages, tels que ceux à eux accordés pour le transport de leurs matières premières, etc. ;

» 3° Qu'enfin, avec le système d'égalité radicale et absolue que les demandeurs prétendaient être la loi fondamentale des chemins de fer, les usines de Bigny et de Fourchambault, situées plus favorablement que celle de Mareuil, eu égard aux anciens canaux du Berry et de Briare, se seraient trouvées, par suite de l'établissement du chemin de fer, dans une situation plus défavorable eu égard à cette voie nouvelle, situation telle que l'usage de cette voie leur aurait été pour ainsi dire impossible ; tandis qu'avec le système d'égalité relative appliqué dans les traités en question, les usines de Mareuil, de Bigny et de Fourchambault ont pu, l'une comme l'autre, se servir du chemin de fer et à des conditions plus avantageuses pour chacune d'elles que les conditions de leurs anciennes voies de terre et d'eau.

» MM. Déchanet demandaient, en résumé, contre la Compagnie d'Orléans, la restitution des 33,000 francs, trop perçus, suivant eux, sur le transport de leurs produits, du 1er mars 1851 au 31 juillet 1856, plus 26,000 francs pour le préjudice résultant de la rivalité.

» La Compagnie demandait reconventionnellement, contre MM. Déchanet, le solde de leurs comptes de transports suivant les bases du traité.

» Sur les plaidoiries de Me Cardozo, agréé, pour MM. Déchanet, et de Me Dufaure, avocat, pour la Compagnie d'Orléans, le tribunal a rendu le jugement suivant :

« Attendu que la question agitée est celle de l'égalité radicale et absolue que » les demandeurs prétendent être la loi fondamentale des chemins de fer, en » matière de tarif pour le transport des marchandises, rendant la réduction » sur ces tarifs, une fois qu'elle a été consentie par un ou plusieurs expédi- » teurs, accessible de plein droit à tous, sans distinction ;

» Attendu que c'est ainsi que Déchanet père et fils, qui ont obtenu eux- » mêmes de la Compagnie demanderesse un traité particulier, le 9 août 1851, » traité expiré depuis le 1er janvier, et continué provisoirement entre les par- » ties, réclament une détaxe générale sur les prix qu'ils ont payés, et des dom- » mages-intérêts basés sur les faveurs arbitraires accordées, suivant eux, à des » usines rivales de la leur ;

» Attendu que la disposition légale qui s'applique à l'espèce est le cahier des » charges annexé à la loi du 26 juillet 1844 ; qu'il y est dit (§ 13 de » l'article 20) que la perception des taxes devra se faire indistinctement et » sans aucune faveur ;

» Que c'est là, en effet, le principe général et dominant que le législateur a » dû inscrire dans la loi, corollaire indispensable du monopole accordé ; mais » qu'il reconnaît en même temps la nécessité d'exceptions réductives, et en » accorde le droit à la Compagnie, sous certaines charges qui dépendent de » l'administration publique, notamment, si celle-ci le juge à propos, de faire la » règle commune des exceptions ainsi permises ;

» Attendu que ce droit spécial ne saurait être contesté ; qu'il est conforme » au texte de la loi et à l'esprit des délibérations d'où elle est sortie ;

» Attendu que, sans doute, un recours en justice est toujours ouvert à ceux » qui auraient à se plaindre et peuvent prouver que, dans des conditions » égales et analogues, la Compagnie leur refuse des concessions qu'elle accorde » à d'autres ; que le principe de l'égalité reparaît dans l'application de l'excep- » tion et doit la régir ;

» Attendu que c'est dans ce sens qu'il faut entendre l'action directe, qui ne » saurait être refusée, suivant la prétention de la défense ; qu'aller au delà » toutefois, comme le soutiennent les demandeurs, en se couvrant de consi- » dérations générales qui sont controversées au point de vue économique et » que le tribunal n'a pas à examiner, ce serait transgresser la prohibition for- » melle portée par l'article 5 du Code Napoléon ;

» Attendu que ce principe étant ainsi défini, il résulte des débats et documents produits que des deux traités parallèles aux leurs, dont Déchanet père et fils excipent, celui accordé aux forges de Bigny présente, il est vrai, un minimum de tonnage et un prix kilométrique de transport sur la voie ferrée moindre que le leur; mais que des compensations équitables existent : premièrement, pour le tonnage, en ce que Déchanet père et fils jouissent en plus d'une faveur sur les transports de matières premières ou en cours de fabrication, qui ne figure pas dans le traité de Bigny; deuxièmement, pour la réduction du prix kilométrique, par la combinaison différente des frais de camionnage que comporte la situation topographique des deux établissements, et qui ne produit en définitive que l'équilibre entre eux;

» Attendu que, pour le traité de Fourchambault, l'importance du minimum de tonnage engagé exclut toute comparaison;

» Attendu qu'il ressort de tout ce qui précède que les conclusions de Déchanet père et fils ne sont pas admissibles;

» En ce qui touche la demande reconventionnelle :

» Attendu qu'il est établi, conformément aux conclusions, que Déchanet père et fils sont débiteurs envers la Compagnie d'Orléans d'une somme de 7,116 fr. 90 c. pour le solde de transports faits par eux jusqu'au 30 avril dernier; que le paiement de cette somme doit être ordonné;

» Déclare Déchanet père et fils mal fondés en leur demande, les en déboute;

» Les condamne reconventionnellement, par toutes les voies de droit et même par corps, conformément aux lois des 17 avril 1832 et 23 décembre 1848, à payer à la Compagnie d'Orléans la somme de 7,116 fr. 90 c., avec les intérêts, suivant la loi. »

XI.

AFFAIRE DES COMMISSIONNAIRES DE ROULAGE DE STRASBOURG CONTRE LA COMPAGNIE DES CHEMINS DE FER DE L'EST.

ROULAGE ET COMMISSION. — MARCHANDISES DE TRANSIT ENTRE LA FRANCE ET L'ALLEMAGNE.

Refus de payer le prix fixé par le tarif homologué — fondé sur un tarif commun international approuvé — nonobstant la différence des conditions en ce qui touche les lieux d'expédition et de destination.

Jugement du tribunal de commerce de Paris, du 18 mai 1857. — Arrêt de la Cour de Paris, du 26 novembre 1858.

Les tribunaux ne peuvent ni modifier ni arrêter l'exécution des arrêtés ministériels. Ils ne peuvent, en conséquence, qu'appliquer les tarifs approuvés et autorisés par le pouvoir administratif, sauf, par les parties lésées, à porter leurs réclamations devant l'autorité compétente. Les dispositions de la loi relative aux abaissements de tarifs ne peuvent être étendues aux traités faits par les Compagnies de chemins de fer avec une autre Compagnie (1).

« La Compagnie des chemins de fer de l'Est a passé avec l'administration des chemins de fer badois un traité ayant pour objet de faciliter les transports directs de France en Allemagne et réciproquement, au moyen de l'application de prix spéciaux à ces expéditions et à la création d'une agence chargée de camionner les colis de Strasbourg à Kehl. Plusieurs commissionnaires de roulage de Strasbourg ont cru voir dans l'exécution de cette convention une atteinte portée à leur propre industrie, et ils ont formé contre la Compagnie des chemins de fer de l'Est une demande tendant à l'allocation de sommes considérables à titre d'indemnité (220,000 francs).

(1) Extrait de la *Gazette des Tribunaux* du 2 décembre 1858.

» Le 18 mai 1857, jugement du tribunal de commerce de Paris, ainsi conçu:

» Le tribunal,

» Attendu que, pour se dire fondés à réclamer de la Compagnie du chemin » de fer de l'Est des dommages-intérêts, les demandeurs prétendent :

» Premièrement, que c'est abusivement que cette Compagnie applique le » tarif franco-allemand aux importations et exportations qui font l'objet du » traité international qu'elle a conclu avec le chemin du grand-duché de » Bade, ce tarif n'ayant pas été homologué par l'autorité ;

» Deuxièmement, qu'eût-il reçu cette sanction, il n'a pas été rendu exécu- » toire par arrêtés préfectoraux, ainsi que le prescrit l'art. 76 du cahier des » charges ;

» Troisièmement, qu'en tous cas les conditions imposées par la Compagnie » sont illégales et illicites ;

» Sur le premier chef :

» Attendu que par convention verbale, en date du 10 décembre 1853, les » Compagnies de l'Est et du grand-duché de Bade ont arrêté les conditions » d'un tarif spécial pour le transport direct, en grande ou petite vitesse, des » marchandises provenant ou à destination d'Allemagne ;

» Qu'il a été dit, quant aux provenances allemandes, que le tarif ne leur » serait applicable qu'autant qu'elles seraient directement adressées en France, » en gare ou à domicile, dans certaines villes dénommées, au nombre des- » quelles ne figure pas Strasbourg, domicile des demandeurs ;

» Attendu qu'avant de mettre ce tarif en vigueur, et pour se conformer » aux prescriptions de l'article 76 du cahier des charges, la Compagnie de » l'Est a soumis son traité à l'autorité supérieure, et que celle-ci, par sa dé- » pêche en date du 24 juillet 1854, en a autorisé l'exécution ;

» Sur le deuxième chef :

» Attendu que si les demandeurs prétendent que la convention interna- » tionale constitue un tarif général soumis pour son application aux arrêtés » préfectoraux, on le trouve visé dans les deux arrêtés pris, l'un par M. le » préfet de police, en date du 12 août 1854, et l'autre par le préfet du Bas- » Rhin, le 8 septembre de la même année ; qu'il a donc été donné par la » Compagnie toute satisfaction à l'article 76 invoqué ;

» Sur le troisième chef :

» Attendu qu'il résulte de ce qui précède que la convention a été approuvée par les autorités compétentes ;

» Que si les demandeurs excipent de l'illégalité qu'aurait commise l'administration en autorisant ce tarif, il n'appartient pas à ce tribunal de s'en rendre juge ; que s'ils imputent encore les dommages dont ils se plaignent à la présence, tant à Strasbourg qu'à Kehl, d'agents spéciaux exclusivement autorisés par les Compagnies à recevoir et à transmettre leurs chargements, et au refus que font ces agents de remettre ou de recevoir à Strasbourg aucun colis aux conditions du tarif franco-allemand, cette situation ressort nécessairement non-seulement de l'esprit de la convention, laquelle n'a pas compris Strasbourg au nombre des points de départ ou d'arrivée des transports directs, en vue desquels elle était faite, mais encore de la responsabilité qu'assument les Compagnies, tant envers l'administration qu'envers le public, responsabilité qui leur interdit de rompre charge entre les mains d'aucun intermédiaire, et leur impose de ne confier leurs transports de Strasbourg à Kehl qu'à des agents choisis par elle ;

» Attendu enfin que la création de ces agences a été soumise à l'autorité qui l'a approuvée comme conséquence de la convention,

» Déclare les demandeurs mal fondés en leur demande, les en déboute et les condamne aux dépens. »

Sur l'appel, plaidants Mes Dutard pour les commissionnaires, et Rivière pour la Compagnie, et conformément aux conclusions de M. l'avocat général Barbier :

« La Cour,

» Considérant que les appelants soutiennent que les tarifs de la Compagnie du chemin de fer de l'Est leur font grief par diverses dispositions qui ont pour résultat d'empêcher que les marchandises s'arrêtent à Strasbourg ; que notamment le tarif, dit international excepte Strasbourg des villes françaises qui profitent des diminutions de tarif introduites en faveur des marchandises venant de l'Allemagne ;

» Considérant que, suivant les appelants, il résulte, à leur égard, de ces combinaisons de tarifs une violation de l'égalité devant la loi, qui est le principe essentiel de notre législation et qui a été la pensée dominante de la loi organique des concessions de chemins de fer ;

» Considérant que les tarifs dont il s'agit ont été approuvés et autorisés par le pouvoir administratif ; que les tribunaux ne peuvent ni modifier ni arrêter l'exécution des arrêtés ministériels ; qu'ainsi, en admettant même la réalité

» des griefs articulés par les appelants, il faudrait reconnaître qu'ils en ont à » tort saisi les tribunaux ordinaires;

» Qu'ils l'ont eux-mêmes reconnu, puisqu'ils avaient d'abord porté leurs » réclamations devant le Sénat;

» Considérant, quant au défaut de publication du traité dit international, » que les dispositions de la loi relative aux abaissements de tarifs ne peuvent » être étendues aux traités faits par les Compagnies des chemins de fer avec un » négociant ou entrepreneur ou avec une autre Compagnie; que ce sont là des » actes d'une nature toute différente, des conventions auxquelles on ne peut » appliquer les règles spéciales qui régissent les mouvements donnés sponta- » nément aux tarifs par les administrations de chemins de fer.

» Considérant qu'il ne peut être admis que le ministre ayant le droit de » donner une autorisation définitive à un tarif ou traité, ne peut en donner » une provisoire; que cette dernière mesure, en réservant l'examen et les en » seignements de l'expérience, est, au contraire, toute dans l'intérêt du public, » et qu'elle n'est qu'un usage prudent et réservé de l'autorité donnée à l'admi- » nistration;

» Adoptant, au surplus, les motifs des premiers juges,

» Confirme. »

XII

AFFAIRE CONTET-MUIRON ET DELARSILLE CONTRE LA COMPAGNIE DU CHEMIN DE FER DE L'EST.

ROULAGE ET COMMISSION. — VINS DE CHAMPAGNE.

Refus de payer le prix fixé par le tarif homologué — fondé sur un autre tarif homologué — nonobstant la différence des conditions en ce qui touche les lieux d'expédition et de destination (1).

Jugement du tribunal de commerce de Reims du 17 juin 1857. — Arrêt de la Cour de Paris du 28 décembre 1858.

Le chemin de fer de l'Est peut, en exécution de son cahier des charges, abaisser ses tarifs pour le parcours partiel de sa voie d'un lieu déterminé à un autre. En pareil cas, un commissionnaire d'une localité intermédiaire ne peut exiger l'expédition de ses marchandises à un prix simplement proportionnel à celui établi par le tarif réduit.

Le 1er novembre 1856, les Compagnies des chemins de fer de l'Est et de l'Ouest se sont entendues sur la fixation d'un tarif pour le transport de diverses marchandises et du vin de Champagne, de Reims à Rouen, le Havre, Dieppe et Fécamp. Ce tarif a été approuvé par décisions ministérielles des 22 septembre et 18 octobre 1856, et rendu exécutoire par arrêté du préfet de la Marne, du 29 octobre 1856.

En novembre et décembre 1856, M. Contet-Muiron, commissionnaire à Reims, a fait sommation à la Compagnie de l'Est de prendre chargement à Epernay pour Rouen de 3,000 paniers de vin à destination de Rouen et du Havre, moyennant un prix *proportionnel* à celui établi par le tarif réduit de Reims à Rouen, la distance de Rouen à Epernay étant moindre que celle de Rouen à Reims.

(1) Extrait de la *Gazette des Tribunaux*, des 3 et 4 janvier 1859.

Au refus de la Compagnie, M. Contet-Muiron l'a fait assigner devant le tribunal de commerce de Reims; il demandait l'application à la gare d'Epernay du tarif de Reims, des dommages-intérêts à donner par état pour toutes ses expéditions faites ou à faire, et la restitution de 551 fr. 70 c. perçus à tort, suivant lui, pour le transport de ses vins d'Epernay à Reims.

Le tribunal a rendu, le 17 juin 1857, le jugement suivant :

« Le tribunal,

» Considérant que les cahiers des charges ont fait en faveur des Compagnies » des chemins de fer la réserve du droit d'accorder certaines réductions sur le » prix des transports pour les expéditions parcourant, soit toute la longueur, » soit seulement une partie de la voie;

» Que le cahier des charges de la Compagnie des chemins de fer de l'Est » a expressément fait cette réserve au profit de l'exploitation;

» Considérant que ces tarifs, réduits ou différentiels, établis moyennant l'ac- » complissement de certaines formalités administratives, et par suite d'autori- » sation de l'autorité compétente, deviennent obligatoires pour tous les expé- » diteurs;

» Que ceux-ci, pour en jouir, doivent se placer dans les conditions prévues;

» Considérant que Contet n'arguë d'aucun défaut des formalités;

» Considérant, en fait, qu'il est admissible que dans des circonstances don- » nées, les Compagnies accordent une bonification sur le prix pour les mar- » chandises qui font le parcours total de la ligne ou qui en parcourent la plus » grande partie, et qu'on ne peut leur refuser de se prévaloir d'un droit que » le cahier des charges autorise;

» Qu'on ne pourrait le faire qu'en justifiant qu'elles n'ont point rempli les » formalités voulues, ou qu'elles n'ont pas les autorisations nécessaires;

» Considérant que, dans l'espèce, Contet-Muiron, pour ses expéditions de » Reims, pouvait demander l'application du tarif réduit, mais qu'il était sans » droit pour réclamer l'application proportionnelle sur des marchandises expé- » diées d'Épernay; qu'il importe peu que ces marchandises fussent la pro- » priété de maisons ayant leur siége principal à Reims et une succursale seu- » lement à Epernay;

» Que s'il lui a plu de faire revenir ses marchandises d'Epernay pour les » charger à Reims, il doit seul supporter les frais de traction d'Epernay à » Reims;

» Que, toutefois, les paniers de vin n'ayant point été déchargés à Reims, » on ne peut lui réclamer un double droit de manutention;

» Déboute Contet-Muiron de sa demande;

» Dit toutefois que la Compagnie tiendra compte à celui-ci de la somme de » 108 francs, pour frais de chargement comptés en double ;

» Condamne Contet-Muiron aux dépens. »

M. Contet-Muiron, à l'appui de l'appel par lui interjeté, soutenait que la perception doit se faire indistinctement et sans faveur, d'une manière égale, par kilomètre, quelle que soit la longueur du parcours ou le tonnage; que le cahier des charges de la Compagnie de l'Ouest ne l'autorise pas à refuser au parcours partiel le tarif réduit fixé pour le parcours total; que les Compagnies sont maîtresses de leurs tarifs; que l'homologation donnée par l'autorité administrative ne constitue qu'un simple enregistrement, et, par suite, que les tribunaux peuvent déclarer applicables au parcours partiel les tarifs qui n'ont été promulgués que pour le parcours total.

Mais, sur les conclusions conformes de M. Goujet, substitut du procureur général,

« La Cour,

» Considérant que si, comme principe général de perception, les cahiers des » charges annexés aux lois de concession des chemins de fer, prenant pour » base l'unité kilométrique, ont déterminé un maximum de taxe pour les frais » de transport, ils n'ont pas interdit cependant aux Compagnies de réduire ces » taxes au-dessous de la limite légale; que la faculté qui leur est abandonnée à » cet égard est soumise seulement à des conditions qui en règlent l'exercice;

» Considérant que, pour la Compagnie de l'Est, ses cahiers des charges sti- » pulent expressément « que, dans le cas où elle jugerait convenable, soit pour » le parcours total, soit pour les parcours partiels de la voie de fer, d'abaisser » au-dessous des limites déterminées par le tarif, les taxes qu'elle est auto- » risée à percevoir, ces taxes abaissées ne pourront être relevées qu'après un » délai de trois mois au moins pour les voyageurs, et d'un an pour les mar- » chandises ; » qu'en la forme, ces modifications doivent être annoncées et » affichées, homologuées par l'administration supérieure, et rendues exécu- » toires dans chaque département par des arrêtés du préfet;

» Qu'il résulte de ce qui précède, que la Compagnie intimée était en droit, » aux termes de son cahier des charges, de concerter avec la Compagnie de » l'Ouest des tarifs communs avec réductions des prix de transport pour le » trajet partiel de Reims à Rouen, au Havre, à Fécamp et à Dieppe; que, » d'ailleurs, elle justifie que les conditions prescrites pour rendre ces tarifs » communs exécutoires ont été régulièrement accomplies;

» Considérant que toutes les expéditions offertes à la Compagnie à la gare de

» Reims en destination des diverses stations désignées dans les tarifs communs, » notamment celles de l'appelant, ont été admises indistinctement et sans fa- » veur, comme le prescrivent encore les cahiers des charges, et qu'ainsi le » principe d'égalité dans la perception n'a souffert aucune atteinte;

» Considérant que Contet-Muiron, en assignant la Compagnie de l'Est devant » le tribunal de commerce de Reims pour voir dire qu'elle sera tenue d'appli- » quer aux différentes gares de l'arrondissement de Reims non désignées dans » le tarif commun homologué, intervenu par le parcours partiel de Reims à » Rouen, au Havre, à Fécamp et à Dieppe seulement, a émis une prétention » que ne comportent pas les dispositions dudit tarif, et qu'elle a été justement » écartée par les premiers juges;

» Considérant que la demande de Contet-Muiron en restitution de la somme » de 551 fr. 70 c., et en condamnation à des dommages-intérêts, n'est pas » mieux fondée; que, d'une part, la somme de 551 fr. 70 c. a été perçue régu- » lièrement et conformément aux taxes des tarifs généraux; que, d'autre part, » la Compagnie n'ayant usé que de son droit en refusant de prendre charge à » Epernay aux conditions du tarif commun applicable aux expéditions faites » directement de Reims seulement, ne saurait être tenue d'aucun dommages- » intérêts envers Contet-Muiron;

» Adoptant, au surplus, les motifs des premiers juges,

» Confirme. »

XIII

AFFAIRE DOPFELD ET BEUZARD CONTRE LA COMPAGNIE DU CHEMIN DE FER DE L'OUEST.

TRANSPORT DE MÉTAUX.

Refus de payer le prix fixé par le tarif homologué — fondé sur un traité particulier — nonobstant la différence des conditions en ce qui touche l'engagement de fournir un minimum de tonnage, la décharge de garantie d'avaries et de retard, et la remise de la totalité des transports.

Jugement du tribunal de commerce de la Seine, du 10 juillet 1856. — Arrêt de la Cour de Paris, du 20 mars 1858 (1).

Les traités particuliers faits par des Compagnies de chemins de fer avec des industriels, et qui ont pour résultat des réductions de tarifs, ne peuvent être invoqués par d'autres industriels, quant au tarif, qu'à la charge de se soumettre aux conditions de ces traités, si ces conditions n'ont rien de contraire à la liberté de l'industrie.

Le jugement rendu par le tribunal de commerce de la Seine indique suffisamment les faits :

« Attendu que le procès présente à décider la question de savoir si les tarifs » à prix réduits consentis par une compagnie de chemin de fer sur son seul » parcours en faveur de certains expéditeurs, pour des marchandises et avec » une condition de tonnage déterminée, sont de plein droit obligatoires pour » la compagnie envers tous les expéditeurs de ces mêmes marchandises sans » conditions analogues ;

» Attendu que c'est ainsi que, dans la cause, Dopfeld et Beuzard, qui, jus» qu'au 1er janvier 1855, ont joui eux mêmes d'un traité particulier, réclament » tant pour l'avenir que pour le passé d'être admis, à partir de ladite époque, » au bénéfice du tarif le plus bas pour les métaux sur toute la ligne de l'Ouest,

(1) *Extrait de la* Gazette des Tribunaux des 22-23 *mars* 1858.

» n'importe où ils se trouvent et sans distinction de quantités fournies ou à » fournir, soutenant être à ce fondés par la lettre et l'esprit des cahiers de charges » imposés à la Compagnie;

» Attendu que ni l'article 35 de la loi de concession du chemin de Paris à » Rouen, du 15 juillet 1840, ni l'article 47 du cahier des charges du chemin de » Paris à Cherbourg rendus applicables à la Compagnie de l'Ouest sus-énoncée, » ne sauraient être interprétés en ce sens ;

» Qu'en effet on y trouve le principe de réductions licites aux tarifs com- » muns, accompagnés d'une obligation pour la Compagnie de faire connaître ces » réductions à l'administration publique, et la faculté pour celle-ci d'en géné- » raliser l'application, si elle le trouve opportun ;

» Attendu que le principe dominant d'égalité dans la perception des taxes » indistinctement et sans aucune faveur n'en est pas altéré, puisque ces diffé- » rences ayant leur raison d'être dans l'avantage évident que trouve la Com- » pagnie à un trafic plus important et moins divisé, elle le compense ainsi à » l'égard de ceux qui le lui procurent dans des conditions égales entre eux, » et qu'un juste équilibre serait, au contraire rompu, si, sans les mêmes » charges, les différences étaient accessibles à tous ;

» Attendu que les transports des voyageurs sont ainsi régis; que les cartes » d'abonnement et les billets d'aller et de retour sont une dérogation à l'égalité » absolue des prix sur le même parcours; qu'en cette matière, aussi rigou- » reuse que l'autre, ces tarifs de faveur sont justement et sans cesse appliqués » sans aucune réclamation ;

» Qu'enfin, c'est à l'administration publique que sont réservés le soin et la » faculté d'intervenir, alors que les intérêts généraux ou ceux du commerce » en doivent souffrir;

» Attendu qu'il résulte de tout ce qui précède que les demandes de Dopfeld » et Beuzard, tant en restitution qu'en dommages-intérêts ne sauraient être » admises;

» Par ces motifs,

» Le tribunal déclare Dopfeld et Beuzard mal fondés en leur demande prin- » cipale et en dommages-intérêts, les en déboute ;

» Condamne Dopfeld et Beuzard aux dépens. »

MM. Dopfeld et Beuzard ont interjeté appel de ce jugement.

La Cour a rendu l'arrêt suivant, qui confirme par de nouveaux motifs, et réserve la question de principe posée dans les arrêts de la Cour de cassation :

« Considérant que les appelants, en demandant à profiter de la réduction de

» taxes et du plus long délai pour le magasinage consenti par la Compagnie du » chemin de fer de l'Ouest, dans divers traités particuliers, notamment dans » celui fait avec Hubin et Ce, n'ont offert de se soumettre à aucune des conditions imposées par ces traités aux expéditeurs qui les ont obtenus ;

» Qu'en admettant que les appelants soient fondés à prétendre que la Com» pagnie ne peut leur imposer la condition d'un minimum de tonnage accepté » par Hubin, parce que cette condition violerait à leur égard le principe de » l'égalité dans la perception des taxes, l'importance de leur industrie ne leur » permettant pas de la réaliser, ils ne pourraient s'affranchir des autres con» ditions stipulées dans ce traité, et auxquelles on ne peut imputer un pareil » caractère ;

» Qu'ainsi il est stipulé :

» 1° Que la Compagnie sera déchargée de toute responsabilité, quant aux » avaries qui pourraient survenir aux métaux laminés, soit pendant la durée » du transport, soit pendant le séjour en gare ;

» 2° Qu'elle ne sera passible d'aucune indemnité pour les retards qui vien» draient à se produire dans le transport des marchandises, par suite d'encom» brement inusité dans les gares ;

» 3° Que la Compagnie déclare expressément n'adhérer aux conditions du » traité qu'en considération de l'engagement que prend Hubin de ne se servir, » sous aucun prétexte, d'une voie autre que le chemin de fer ;

» Considérant que, ces diverses conditions ne pouvant porter aucune atteinte » au principe de l'égalité dans la perception des taxes, la Compagnie est fondée » à les imposer à tout expéditeur qui demande à profiter de la réduction » de tarif et des autres facilités consenties dans le traité où elles sont » stipulées ;

» Que les appelants demandent purement et simplement à profiter de ces » avantages, sans offrir de se soumettre à aucune des conditions légitimes qui » en constituent, pour la Compagnie, la compensation et le prix, elle a été » fondée à repousser leur demande et prétendre qu'ils devraient être déclarés » non recevables ;

» Par ces motifs,

» La Cour met l'appellation au néant ; ordonne que le jugement dont est » appel sortira son plein et entier effet ;

» Condamne les appelants à l'amende et aux dépens. »

XIV

AFFAIRE ANCEL ET Cie CONTRE LA COMPAGNIE DU CHEMIN DE FER DE L'EST.

TRANSPORT DU PLATRE.

Refus de payer le prix fixé par le tarif homologué — fondé sur un autre tarif homologué — nonobstant la différence des conditions en ce qui touche le lieu d'expédition.

Jugement du tribunal de commerce de la Seine du 11 janvier 1858 (1).

La réduction du prix des tarifs pour le transport du plâtre du rayon de Paris dans certaines localités, dans l'intérêt de l'agriculture, ne peut être réclamée pour les localités qui ne sont pas indiquées au tarif comme devant jouir de la réduction.

On sait que le plâtre est un excellent engrais pour certaines natures de terrains et que les environs de Paris possèdent des carrières inépuisables de pierre à plâtre. Avant l'établissement des chemins de fer, le prix élevé du roulage ne permettait pas de transporter ce précieux engrais dans les pays qui en sont privés: aujourd'hui, dans l'intérêt de l'agriculture, le chemin de fer de l'Est a abaissé de 5 à 3 centimes, par tonne et par kilomètre, le prix du transport des plâtres pour certaines localités de l'Alsace. Cette réduction a été approuvée par l'autorité et publiée conformément au cahier des charges.

MM. Ancel et Compagnie, de Nancy, ont réclamé l'application du tarif réduit à des localités qui ne sont pas indiquées comme devant jouir de la réduction, et ils ont assigné la Compagnie de l'Est devant le tribunal de commerce pour voir prononcer cette application et pour s'entendre condamner à des dommages-intérêts à raison de la concurrence ruineuse qu'ils ont soutenue contre les localités favorisées.

(1) Extrait du *Journal des Chemins de fer*, année 1858, p. 134.

Après avoir entendu Me Picard, avocat de MM. Ancel et Compagnie, et Me Rey, agréé du chemin de fer de l'Est, le tribunal a prononcé le jugement suivant :

« Attendu qu'aux termes de l'article 70 de son cahier des charges, la Compa-
» gnie du chemin de fer de l'Est peut, soit pour le parcours total, soit pour les
» parcours partiels de la voie de fer, abaisser les tarifs en vigueur des taxes
» qu'elle est autorisée à percevoir ;

» Qu'elle est tenue seulement, dans cette circonstance, d'en soumettre les
» effets à l'autorité supérieure, et, après avoir obtenu son autorisation, d'an-
» noncer, au moins un mois à l'avance, par des affiches, les changements
» apportés dans les tarifs ;

» Attendu, dans l'espèce, que, dans le courant de décembre 1853, la Com-
» pagnie de l'Est a présenté à l'autorité administrative un tarif relatif au trans-
» port des plâtres, ; que ce tarif a été sanctionné et affiché dans les départe-
» ments qui y avaient intérêt et a été rendu obligatoire au profit de tous, sans
» aucune exception ;

» Attendu que si Ancel et Compagnie prétendent en avoir éprouvé un pré-
» judice, il est constant que la Compagnie a agi dans les limites de son droit ;
» que les autorisations accordées par l'administration supérieure ne sont don-
» nées que dans un intérêt général, avec la faculté d'en faire cesser l'effet dans
» le cas où il en serait autrement ; que, dans l'espèce, le transport des plâtres
» des environs de Paris au prix de 3 centimes par tonne et par kilomètre a été
» consenti pour favoriser l'agriculture, sans distinction ni faveur ; qu'ainsi donc,
» soit en fait, soit en droit, Ancel et Compagnie sont mal fondés à demander
» l'exécution à leur profit d'un tarif qui ne leur est pas applicable, et des dom-
» mages-intérêts ;

» Par ces motifs, déclare Ancel et Compagnie mal fondés en leur demande
» en application à leur profit du tarif de décembre 1853 et en dommages-
» intérêts, et les condamne aux dépens. »

XV.

AFFAIRE GRATIOT CONTRE LA COMPAGNIE DU CHEMIN DE FER D'ORLÉANS.

TRANSPORT DE HOUILLE.

Refus de payer le prix fixé par le tarif homologué — fondé sur un autre tarif homologué — nonobstant la différence des conditions en ce qui touche le lieu d'expédition.

Jugement du tribunal de commerce de Corbeil du 10 novembre 1858.

Un tarif homologué et rendu exécutoire par arrêté de l'autorité compétente doit recevoir son application, sans que le juge ait à examiner les motifs qui ont pu déterminer l'homologation de ce tarif (1).

Les Compagnies des chemins de fer d'Orléans et du Nord ont fait homologuer un tarif commun pour le transport par wagon complet des charbons de Belgique sur divers points de la ligne d'Orléans. Parmi les conditions d'application de ce tarif se trouve celle-ci : « Les wagons doivent être déchargés au » plus tard vingt-quatre heures après leur arrivée. En cas de retard, la Com- » pagnie percevra 25 centimes par heure de retard et par wagon. Le délai de » vingt-quatre heures courra à partir de l'instant où la lettre d'avis aura été » déposée au bureau de poste de la localité. »

M. Gratiot, directeur-gérant de la papeterie d'Essonne, recevait, le 11 août 1858, en gare de Corbeil, un wagon de charbon venant d'Erquelines ; la lettre d'avis d'arrivée lui avait été adressée le même jour. Cependant le charbon ne fut déchargé par lui que le 16 du même mois. Le chef de gare, avant l'enlèvement de la marchandise, réclama 18 fr. 50 c. pour soixante-quatorze heures de magasinage. Sur le refus de paiement de cette somme, le charbon non encore déchargé par le destinataire fut mis à terre par les agents de la Compagnie pour rendre libre le wagon, et l'enlèvement de la marchandise fut arrêté. M. Gratiot assigna la Compagnie en paiement de 2,000 francs de dommages-

(1) Extrait du journal *l'Industrie*, année 1859, page 455.

intérêts, pour le préjudice à lui causé par le refus d'enlèvement et par le jet du charbon à terre. La Compagnie se porta reconventionnellement demanderesse en paiement de 18 fr. 50 de frais de magasinage.

Devant le tribunal de première instance de Corbeil, jugeant commercialement, M. Gratiot prétendait que c'était à tort que la Compagnie d'Orléans avait réclamé le paiement des frais de magasinage à raison de 25 centimes par heure et par wagon, à partir des vingt-quatre heures écoulées depuis la lettre d'avis; qu'en effet, la Compagnie d'Orléans avait perçu d'Ivry à Corbeil, pour 1,000 kilog. de charbon, 3 francs, c'est-à-dire le plein de son tarif général; qu'elle ne pouvait, faisant payer le plein de son tarif général, prétendre appliquer les conditions du tarif spécial invoqué, conditions plus onéreuses que celles résultant du tarif général.

La Compagnie d'Orléans répondait que le prix de 3 francs par elle perçu lui revenait, non pas en vertu de son tarif général pour un transport de Paris à Corbeil, mais en vertu du tarif commun avec la Compagnie du Nord pour sa part dans le transport d'Erquelines à Corbeil, fixée à 11 fr. 86 c.; — que la coïncidence entre le prix de transport du tarif général et le prix de transport du tarif commun, en ce qui la concerne, laissait subsister entre ces deux tarifs une différence notable, à l'avantage du demandeur, qui, en sus du prix principal de transport, devrait, aux termes du tarif général de Paris à Corbeil, payer à la Compagnie d'Orléans 1 fr. 50 c. par tonne pour frais accessoires de manutention, tandis qu'en vertu du tarif commun d'Erquelines à Corbeil, il pouvait se dispenser et se dispensait en effet de payer ces frais accessoires, en faisant lui-même le déchargement de sa marchandise dans le délai réglementaire; — que, du reste, la Compagnie justifiait d'une réduction faite par elle dans l'application du tarif commun, réduction de 1 franc par 1,000 kilogrammes, portant sur la part lui revenant dans les perceptions du chemin de fer de Ceinture; — que d'ailleurs M. Gratiot ne devait pas scinder le prix du transport, prix unique d'Erquelines à Corbeil, de même que l'expédition avait été unique, faite directement et sans transbordement du point de départ au lieu d'arrivée; — que peu lui importait, quelle somme revenait dans ce prix à la Compagnie d'Orléans, quelle somme à la Compagnie du Nord; — que la seule chose à examiner pour lui était si la somme totale qui était réclamée par la Compagnie d'Orléans était bien conforme au tarif commun, à savoir 11 fr. 86 c. des 1,000 kilog. d'Erquelines à Corbeil; — que, cela étant établi, M. Gratiot ayant profité des prix réduits de ce tarif, devait se soumettre aux conditions de ces prix réduits; — que si les droits de magasinage fixés par le tarif VIII-36 (25 c. par heure et par wagon) étaient élevés, ce n'était pas comme spéculation, pour augmenter les recettes de la Compagnie, mais comme pénalité, pour forcer les destinataires à hâter le déchargement de leurs marchandises, quand ils demandaient à le faire eux-mêmes pour se dispenser de le payer; — que la Compagnie du Nord n'avait consenti à prêter ses wagons pour faire arriver les charbons jusqu'à la gare de Corbeil que dans la pensée qu'ils lui rentreraient immédiatement; — que la Compagnie d'Orléans, de son côté, avait intérêt à ne pas se laisser encombrer par un grand nombre de wagons en déchargement dans ses gares; — qu'enfin, si la Compagnie d'Orléans exigeait de M. Gratiot le magasinage auquel son retard lui donnait droit, c'est que la Compagnie du Nord pouvait à son tour exiger d'elle un droit de location de 3 francs par jour, pour tout wagon non rendu au bout du troisième jour.

Par jugement du 10 novembre 1858, le tribunal a donné gain de cause à la Compagnie. Le jugement est ainsi conçu :

« En ce qui touche la demande en dommages-intérêts formée par Gratiot :

» Attendu qu'il est constant que la Compagnie d'Orléans a, dans le délai ordinaire de vingt-quatre heures, donné avis à Gratiot par lettre remise à l'un des agents de ce dernier de l'arrivée en gare des wagons de houille qui lui étaient expédiés d'Erquelines;

» Que si la lettre a été remise tardivement, la Compagnie ne saurait être responsable de la négligence de l'agent de Gratiot;

» Attendu que s'il est vrai que, le 16 août, après livraison de la presque totalité de ces houilles, le chef de gare en a retenu et fait décharger environ deux tonnes, ce fait, motivé sur le défaut du paiement de droit de magasinage réclamé par la Compagnie, n'a retardé l'enlèvement que de quelques heures, et n'a causé à Gratiot aucun préjudice.

» En ce qui concerne la demande de la Compagnie d'Orléans, en paiement de 18 fr. 50 c. pour droits de magasinage :

» Attendu que le tarif spécial VIII-36, commun entre les Compagnies du Nord et d'Orléans, qui réduit à vingt-quatre heures le délai de quarante-huit heures accordé par le cahier des charges pour l'enlèvement des marchandises, et élève de 3 centimes à 25 centimes par heure les frais de magasinage, a été approuvé et rendu obligatoire par arrêté de l'autorité compétente;

» Qu'il s'agit dès lors d'un acte administratif, dont le tribunal doit se borner à faire l'application;

» Attendu que la prétention de Gratiot consiste à soutenir que la diminution du délai et l'élévation du droit du magasinage, en tant qu'elles s'appli-

» queraient à la Compagnie d'Orléans dont le tarif général n'a subi aucune » réduction par l'acte dont il s'agit, sont contraires à la loi qui a réglé les » conditions de la concession du chemin de fer ;

» Que le tribunal ne pourrait, sans excès de pouvoir, se livrer à l'examen » d'une pareille question, qu'il appartient à une autre juridiction de résoudre ;

» Attendu, en fait, que les houilles n'ont été enlevées par Gratiot que quatre » jours après l'avis qui lui a été donné de leur arrivée en gare ;

» Que toutefois la gare du chemin de fer, pour l'enlèvement des marchan- » dises, étant fermée les jours fériés depuis midi jusqu'au lendemain à six » heures du matin, il y a lieu de déduire sur les droits de magasinage » réclamés par l'administration, dix-huit heures qui se sont écoulées du di- » manche 15 août à midi jusqu'au lendemain matin, soit, à raison de 25 cen- » times par heure, la somme de 4 fr. 50 c. ;

» Qu'ainsi il est dû par Gratiot, aux termes du tarif VIII-36, pour droits de » magasinage, à raison de 25 centimes par heure, la somme de 14 francs.

» Par ces motifs :

» Déclare Gratiot mal fondé dans sa demande en dommages-intérêts ;

» Condamne Gratiot, ès nom, à payer à la Compagnie d'Orléans la somme » de 14 francs pour droits de magasinage avec les intérêts, suivant la loi, » à compter du 21 septembre dernier, jour de la demande, et aux dépens. »

XVI.

AFFAIRE RIVIÈRE, FERRÉ-COURARD ET CONSORTS CONTRE LA COMPAGNIE DU CHEMIN DE FER DE L'OUEST.

TRANSPORT DE BESTIAUX.

Refus d'exécuter les conditions d'un tarif homologué — en ce qui touche l'indemnité due en cas de retard.

Jugement du tribunal de commerce de la Seine du 7 septembre 1859. — Arrêt de la Cour impériale de Paris du 29 février 1860 (1).

Les modifications de tarifs de chemins de fer arrêtées par l'administration supérieure et publiées dans la forme légale, sont obligatoires pour et contre les Compagnies au même titre que les cahiers des charges annexés aux lois et décrets de concession. Dès lors, il n'appartient pas aux tribunaux d'en faire la critique ni d'en entraver l'exécution, même alors qu'il s'agirait d'une clause portant qu'au cas de retard dans l'arrivée des trains, la Compagnie ne sera responsable du préjudice éprouvé par les expéditeurs que jusqu'à concurrence du prix du transport perçu d'après le tarif réduit.

Le contraire avait été décidé par le tribunal de commerce de la Seine par jugement en date du 7 septembre dernier, lequel contient l'exposé du fait et le sommaire des arguments de droit. Ce jugement est ainsi conçu :

« Le tribunal,

» Attendu qu'il résulte des pièces produites et des débats que, le 16 février » 1859, Rivière, Ferré-Courard et consorts ont remis au chemin de fer de » l'Ouest, gare du Mans, six cent soixante-dix-huit porcs à destination de la » gare de la Chapelle-Saint-Denis, où ils devaient être vendus le lendemain 17, » à huit heures du matin; que ces bestiaux ont été acceptés sans réserve » par la Compagnie;

(1) Extrait de la *Gazette des Tribunaux* du 6 mars 1860.

» Attendu que, contrairement aux précédents, le convoi ayant éprouvé un » retard de quatre heures et demie, ces porcs ne sont arrivés à destination » qu'à une heure où il était impossible de les faire parvenir au marché auquel » ils étaient destinés; que, de plus, il a été constaté qu'un de ces animaux, » mort en route, a été transporté chez l'équarrisseur pour le compte de la Com- » pagnie, et que ceux admis tardivement au marché, comme ceux restés en de- » hors, ont été vendus, par suite de ce retard, avec une dépréciation sensible ;

» Que les demandeurs ont éprouvé, par suite, un préjudice qu'ils attribuent » à la négligence ou à l'incurie de la Compagnie de l'Ouest, et dont ils deman- » dent aujourd'hui la réparation ;

» Attendu que la Compagnie ne justifie d'aucun cas de force majeure pour » expliquer le retard éprouvé ; qu'elle se borne, pour se soustraire à la respon- » sabilité qu'elle a encourue, à opposer un tarif de transport de bestiaux ap- » prouvé par l'autorité administrative, prétendant, au cas de retard dans l'ar- » rivée des trains, n'être responsable du préjudice éprouvé par les expéditeurs » que jusqu'à concurrence du prix perçu pour le transport ;

» Attendu que, d'après le droit commun, le transporteur est responsable de » la non-arrivée en temps utile de la marchandise qui lui est confiée, et obligé » de réparer le dommage causé par sa faute ou celle de ses substitués ;

» Attendu qu'il n'est justifié d'aucun contrat synallagmatique entre les expé- » diteurs et la Compagnie; que les tarifs dont on excipe, réglementaires du » prix de transport, ne peuvent en aucun cas préjudicier aux droits des tiers » garantis par la loi ; qu'on doit dès lors considérer comme contraire au droit » commun la clause restrictive de la responsabilité contenue audit tarif ; qu'on » ne saurait admettre en effet qu'en cas de dépérissement partiel ou total de la » marchandise par suite de l'arrivée des trains, la Compagnie puisse se pré- » tendre autorisée à ne rembourser le dommage que jusqu'à concurrence du » prix du transport pour tous dommages-intérêts ;

» Attendu que de tout ce qui précède il résulte que les conséquences du retard » et le préjudice qui en est résulté pour les demandeurs doivent rester à la » charge de la Compagnie de l'Ouest ;

» Attendu que, d'après les éléments d'appréciation que possède le tribunal, » et notamment les renseignements émanés de la préfecture de police, il y a » lieu de fixer comme suit la réparation due aux demandeurs, etc., au total : » 8,598 fr. 85 c., au paiement de laquelle somme le chemin de fer de l'Ouest » doit être obligé ;

» Condamne la Compagnie de l'Ouest à payer aux demandeurs ladite somme » de 8,598 fr. 85 c., avec les intérêts, suivant la loi, et aux dépens. »

Appel par la Compagnie de l'Ouest.

Me Dufaure, à l'appui de l'appel, a développé en fait et en droit les arguments qui ont été accueillis par l'arrêt de la Cour. Le défenseur insiste sur le caractère transactionnel des dispositions de l'ordonnance ministérielle du 23 juin 1857 qui, en réduisant de moitié le prix du transport des bestiaux expédiés par bandes, limite par contre, ainsi que le droit commun le permet dans toute convention synallagmatique, la responsabilité de la Compagnie, au cas de retard par sa faute, à la restitution du prix de transport. Il soutient que cette ordonnance, approuvée et publiée dans les formes légales, a force de loi comme les cahiers des charges et les lois et décrets de concession, ainsi que l'a jugé la Cour de cassation au profit de la Compagnie d'Orléans, par arrêt de février 1858, qui casse un jugement du tribunal de commerce de Paris. Cette ordonnance, dit-il, est en vigueur depuis trois ans, et c'est témérité de la part des demandeurs de prétendre qu'elle ne leur est pas opposable, puisqu'ils profitent journellement de ses dispositions, et que si leur prétention était admise, ils auraient à tenir compte à la Compagnie des suppléments de prix pour les transports antérieurs, et seraient débiteurs envers elle de sommes excédant de beaucoup l'importance des dommages-intérêts qu'ils réclament.

Me Forest, dans l'intérêt des intimés, a développé les motifs sur lesquels repose la décision des premiers juges. Il soutient que le tarif modifié n'a pu être légalement obligatoire que dans la disposition portant fixation du prix de transport ; qu'il n'en saurait être de même pour ce qui concerne la responsabilité qui incombe à la Compagnie considérée comme entreprise de transport, responsabilité qui reste quand même dans le domaine du droit commun. D'ailleurs, l'ordonnance, pour être obligatoire, devait être acceptée et publiée sur tout le parcours de la ligne ; or, il est constant, d'après les documents produits, qu'au Mans, point de départ de l'expédition, elle n'a été publiée et affichée dans la gare que postérieurement à l'envoi de bestiaux qui donne lieu au procès.

La Cour, sur les conclusions conformes de M. l'avocat général Moreau, a réformé la décision des premiers juges par l'arrêt suivant :

« La Cour,

» Considérant que, dès qu'ils ont été approuvés et publiés dans la forme lé-
» gale, les tarifs fixés ou modifiés par l'autorité administrative supérieure de-
» viennent obligatoires pour et contre les Compagnies de chemins de fer, au
» même titre que les cahiers des charges annexés aux lois et décrets de con-
» cession, et qu'il n'appartient pas à la juridiction civile, non plus qu'aux tri-
» bunaux de commerce, d'en faire la critique, ni d'en entraver l'exécution ;

» Considérant que l'ordonnance du 23 juin 1857, relative à un tarif spécial » pour le transport à petite vitesse, et à prix réduits, des bestiaux expédiés par » bandes sur les chemins de fer de l'Ouest, dispose par son article final qu'en » cas de retard dans l'arrivée des trains, la Compagnie n'est responsable du » préjudice éprouvé par les expéditeurs que jusqu'à concurrence du montant » du prix de transport ;

» Considérant qu'à supposer que, comme le soutiennent les intimés, cette » ordonnance, qui a été publiée et affichée à Paris et sur tout le parcours de la » ligne jusqu'au Mans, n'ait été affichée dans la gare de cette dernière ville que » postérieurement à l'expédition dont s'agit, il ressort des faits et documents de » la cause que, à l'époque de cet envoi, l'ordonnance était connue des intimés » qui, profitant journellement de ses dispositions exceptionnellement favorables » pour eux, avaient en retour accepté implicitement la limitation de responsa- » bilité qu'elle accorde à la Compagnie ;

» Qu'il résultait de là un contrat synallagmatique également obligatoire pour » les deux parties ;

» Considérant, en ce qui touche la réalité et la cause du préjudice dont les » intimés demandent la réparation, qu'il est constaté au procès que les bes- » tiaux expédiés par les intimés sont arrivés trois heures trop tard pour » être revendus convenablement au marché de la Chapelle-Saint-Denis ; qu'il » y a lieu conséquemment de faire supporter à la Compagnie, à titre de » dommages-intérêts, le prix du transport.

» En ce qui touche la somme de 118 francs réclamée par Breteau pour la » valeur du porc arrivé mort à la gare de Paris :

» Considérant qu'il n'est pas sérieusement contesté que cet accident ait été » occasionné par la faute des préposés du chemin de fer, et que le préjudice » qu'en a éprouvé le propriétaire de cet animal constitue, à la charge de la » Compagnie, considérée comme entrepreneur de transports, un fait de res- » ponsabilité de droit commun dont l'esprit non plus que la lettre de l'ordon- » nance précitée l'ont affranchie ;

» Met l'appellation et la sentence dont est appel au néant, en ce que, au lieu » de restreindre la responsabilité de la Compagnie de l'Ouest à la restitution » du prix perçu pour le transport et au paiement de la valeur du porc arrivé » mort, les premiers juges l'ont condamnée à payer la valeur arbitrée de » tout le préjudice résultant du retard ; émendant quant à ce, réduit la con- » damnation prononcée contre la Compagnie de l'Ouest à la somme totale de » 2,130 francs, etc., avec les intérêts, suivant la loi ; fait masse des dépens, etc.»

XVII.

AFFAIRE DAMOURETTE CONTRE LA COMPAGNIE DU CHEMIN DE FER D'ORLÉANS.

TRANSPORT DE BESTIAUX.

Refus d'exécuter les conditions d'un tarif homologué — en ce qui touche l'indemnité due en cas de retard.

Jugement du tribunal de commerce d'Issoudun, du 21 octobre 1859. — Arrêt de la Cour impériale de Bourges, du 20 février 1860 (1).

Est valable et doit sortir à effet la clause insérée dans les tarifs spéciaux d'une Compagnie de chemins de fer et reproduite en tête des lettres de voiture, par laquelle l'indemnité, pour cause de retard dans le transport des bestiaux, est réduite au prix du transport, par-delà duquel les expéditeurs ne peuvent jamais rien prétendre.

L'indemnité fixée à la perte du prix de transport est un forfait sur le dommage possible; elle est acquise à l'expéditeur par le fait seul du retard, qu'il ait ou non éprouvé dommage, sans que, de part ou d'autre, on puisse rechercher si le dommage existe, non plus que ses éléments ou son quantum.

Cette décision de la Cour impériale de Bourges nous paraît avoir une grande importance pour les Compagnies de chemins de fer.

Au mois d'août 1859, le sieur Damourette, négociant à Châteauroux, fit amener à la gare d'Issoudun sept cent cinquante moutons, qui devaient être chargés à cette gare, le 7 août, en destination de Choisy, pour être vendus le lendemain, 8 août, au marché de Sceaux.

Ces moutons n'étant pas arrivés à Choisy assez tôt pour être produits sur le marché de Sceaux, Damourette a assigné la Compagnie du chemin de fer d'Orléans devant le tribunal de commerce d'Issoudun, en payement d'une somme de 6,000 francs avec intérêts de droit et dépens.

(1) Extrait du *Journal judiciaire du Cher, de l'Indre et de la Nièvre* du 4 mars 1860.

Damourette prétendait qu'une convention verbale était intervenue, dès le 6 août, entre lui et le chef de la gare d'Issoudun, pour le transport desdits moutons; que, par suite du retard dans l'expédition, les moutons lui étant restés pour compte, il avait éprouvé un préjudice considérable dont la Compagnie devait l'indemniser.

De son côté, la Compagnie soutenait qu'aucune convention n'était intervenue; que les moutons de Damourette n'avaient pas été enregistrés en temps utile; que, loin d'éprouver aucun préjudice, Damourette avait vendu, avec bénéfice, ses moutons au marché de Poissy; enfin la Compagnie opposait la clause restrictive résultant de son tarif spécial.

Le 21 octobre 1859, le tribunal de commerce d'Issoudun a rendu un jugement qui condamne la Compagnie à payer à Damourette la somme de 4,000 fr., à titre de dommages-intérêts, avec intérêts de droit et dépens.

Sur l'appel de la Compagnie d'Orléans, la Cour a rendu l'arrêt suivant :

« Considérant, sur le premier moyen opposé par la Compagnie, que des do-
» cuments produits il résulte, à suffire, que si les moutons ne sont pas entrés
» en gare avant huit heures du matin, ils n'en étaient pas moins à la disposition
» de la Compagnie dès et bien avant l'heure réglementaire ou, quoi que ce soit,
» en temps utile, suivant ce qui avait été entendu entre le chef de la gare
» d'Issoudun et l'intimé, l'insuffisance du matériel disponible ayant seule re-
» tardé le départ; qu'au surplus, il n'apparaît pas qu'avant embarquement, la
» Compagnie se soit, conformément à ses règlements, fait donner décharge de
» sa garantie ;

» Sur le deuxième moyen : considérant qu'aux termes du tarif III-12 des
» tarifs spéciaux, homologué par l'autorité compétente, si la Compagnie, après
» enregistrement aux lieu, jour et heure indiqués, garantit l'arrivée des mou-
» tons à Choisy à temps utile pour entrer au marché de Sceaux, c'est sous la
» réserve édictée en ces termes : « Cette garantie est limitée au prix de trans-
» port par-delà lequel les expéditeurs ne peuvent jamais rien prétendre ; » que
» la même clause se trouve reproduite, en termes identiques, en tête de la
» lettre de voiture qui forme le contrat des parties; qu'ainsi, en spécifiant l'in-
» demnité pour cause de retard, il est entendu et expressément déclaré qu'au-
» cune autre ne pourra être prétendue à même cause ;

» Que cette condition, parfaitement licite entre parties contractantes, a sa
» raison d'être dans la nature du service spécial auquel elle s'applique ; qu'on
» conçoit, en effet, que s'engageant, en vue tant de l'intérêt du commerce que

» de leur propre avantage, à organiser des moyens de transport exceptionnels, » plus rapides et à jours fixes, pour l'approvisionnement des grands marchés » de bestiaux, les Compagnies aient entendu préciser et limiter leurs obliga- » tions, en stipulant telles ou telles conditions restrictives sans lesquelles, à » part tout mauvais dessein ou négligence et à raison d'impossibilités maté- » rielles, leur responsabilité se serait trouvée trop souvent indéfiniment com- » promise ;

» Que l'indemnité fixée à la perte du prix de transport et sans plus n'est, » après tout, qu'un forfait sur le dommage possible, au cas donné, acquise » qu'elle est à l'expéditeur par le fait seul du retard, qu'il ait éprouvé dommage » ou non ou même bénéfice, ce qui peut être, mais sans que, de part » ni d'autre, on puisse rechercher si le dommage existe, non plus que ses » éléments et son quantum ; qu'en vain prétendrait-on que la clause est » exorbitante, et qu'il n'appartenait pas à l'autorité supérieure de la sanc- » tionner ;

» Qu'en droit, les conventions sont la loi des parties et qu'elles doivent » s'exécuter alors qu'elles ne portent pas atteinte aux principes d'ordre » public ;

» Que, d'autre part, il est certain que l'autorité publique peut réglementer » l'industrie des chemins de fer et modifier ses moyens d'action au plus grand » avantage des relations commerciales ; par là même il faut admettre, pour » l'administration, la faculté d'homologuer tout programme de conventions, li- » cites elles-mêmes, qui ont pour but d'établir ou régulariser tel mode de ser- » vice jugé plus utile ; que les expéditeurs qui opèrent en dehors du tarif » général sont mal venus à se plaindre du tarif spécial, alors qu'ils en profitent » par l'abaissement des prix et la célérité des transports ; et que, enfin, tenir » pour non avenue la clause restrictive dont s'agit serait scinder le contrat qui » régit les tarifs spéciaux et créer aux Compagnies une condition tout autre » que celle qu'elles ont entendu accepter et que l'autorité compétente a cru » devoir leur faire ;

» Par ces motifs,

» La Cour dit mal jugé ; en conséquence, a mis et met le jugement dont est » fait appel au néant, et décharge la Compagnie d'Orléans des condamnations » contre elle prononcées ; émendant et faisant ce que les premiers juges au- » raient dû faire, déclare Damourette mal fondé dans sa demande, pour quoi » l'en déboute ; et, sans qu'il soit besoin de statuer sur le surplus des conclu- » sions des parties, faisant acte toutefois en tant que besoin, à Damourette, » de ce que la Compagnie n'entend ni n'a entendu réclamer le prix de

» transport, condamne Damourette aux dépens de première instance et » d'appel. »

Du 20 février 1860. — *Prés.*, M. Corbin, premier président. — *Concl.*, M. Julhiet, substitut. — *Pl.*, MM. Guillot et Bottard (du barreau de Châteauroux), avocats.

XVIII.

AFFAIRE LANGLOIS CONTRE LA COMPAGNIE DU CHEMIN DE FER DE L'OUEST.

TRAITÉS PARTICULIERS.

Arrêt de la Cour de cassation (ch. civ.) du 26 novembre 1860 (1).

Les Compagnies de chemins de fer peuvent, par des traités particuliers avec les entrepreneurs de transports ou expéditeurs, accorder, sous certaines conditions de chargement, des réductions de tarif, sans que ces réductions soient acquises de plein droit aux autres expéditeurs : ceux-ci ne peuvent s'en prévaloir qu'autant que la réduction du tarif a été généralisée par l'administration supérieure, ou qu'ils demandent à la Compagnie du chemin de fer d'être admis à jouir des mêmes réductions en se soumettant à des conditions analogues.

« La Cour :

» Sur le troisième moyen, tiré de la violation des articles 47 et 53 du » cahier des charges annexé à la loi du 8 juillet 1852 ;

» Attendu que les articles précités n'ont interdit à la Compagnie de faire, » sans une autorisation spéciale de l'administration supérieure, des arrange- » ments ou traités avec des entreprises de transport par les voies de terre » qui aboutissent au chemin de fer, qu'autant que ces arrangements ne » seraient pas également consentis en faveur des autres entreprises desservant » les mêmes routes ;

» Que, sauf la faculté réservée à l'administration supérieure de généraliser, » sans conditions, les réductions de tarifs consenties par ces traités, les expé- » diteurs qui n'y ont pas été parties ne peuvent réclamer ces réductions, » sans se soumettre aux conditions onéreuses qui en forment le correctif ;

» Attendu que l'arrêt attaqué (rendu par la Cour de Paris, le 16 avril 1859)

(1) Sirey, 1861. 1. 350.

» constate, en fait, que les sieurs Langlois ont refusé de se soumettre aux » conditions des traités consentis par la Compagnie en faveur des sieurs » Larget et Baucourt, et des sieurs Amiard et Gassion;

» D'où il suit qu'en jugeant qu'ils étaient non recevables à revendiquer le » bénéfice de ces traités, la Cour impériale, loin de violer les articles précités, » en a fait une juste application;

» Rejette, etc. »

XIX.

AFFAIRE NIZEROLLES CONTRE LA COMPAGNIE DU CHEMIN DE FER DE PARIS A LYON.

Transport de charbon de bois. — Le refus par une Compagnie d'exécuter un traité particulier prononçant des réductions nouvelles et successives au fur et à mesure des assimilations ordonnées par l'État, — n'a pu donner lieu à des dommages-intérêts contre cette Compagnie (1).

Jugement du tribunal de commerce de la Seine du 10 mai 1858. — Arrêt de la Cour impériale de Paris du 16 avril 1859. — Arrêt de la Cour de cassation du 6 août 1860.

Le traité par lequel une Compagnie de chemin de fer accorde à un entrepreneur de transports une réduction sur le tarif général alors en vigueur n'est licite qu'autant que cette réduction est susceptible d'être étendue par l'administration à tous les autres expéditeurs, en vertu du principe d'égalité qui forme la base essentielle des lois organiques des chemins de fer.

Ainsi, ce traité prend un caractère illicite, lorsqu'il a été stipulé qu'indépendamment de la réduction convenue, l'entrepreneur auquel elle est accordée aura, en cas d'abaissement ultérieur du tarif, droit à une réduction nouvelle et successive, au fur et à mesure des assimilations ordonnées par l'État, une telle stipulation constituant au profit de cet entrepreneur un privilége permanent et exclusivement personnel qui rendrait sans effet l'exercice du droit d'assimilation réservé au gouvernement.

En conséquence, le refus de la Compagnie d'exécuter ce traité, en conformité des ordres de l'administration, ne peut donner lieu à des dommages-intérêts.

Suivant acte du 4 février 1851, l'administration du chemin de fer de Paris à Lyon, alors exploité par l'État, fit avec les sieurs Nizerolles et Toufflin, commissionnaires de charbon de bois, un traité de transports à un centième au-dessous du tarif ordinaire.

(1) Dalloz, 1861. 1. 377.

L'acte portait : « Si, pendant le cours du présent traité, le tarif pour le transport du charbon de bois, fixé à 10 centimes par tonne et par kilomètre par l'arrêté ministériel du 9 août 1850, était abaissé, l'abaissement serait appliqué aux différents prix spéciaux et conditionnels ci-dessus stipulés, et profiterait aux sieurs Nizerolles et Toufflin, pour tous les transports opérés postérieurement à la date de l'arrêté d'abaissement. »

Par décret du 5 janvier 1852, l'État concéda à une Compagnie le chemin de de fer de Paris à Lyon.

Dans le cours de l'année 1857, la Compagnie de Paris à Lyon s'étant fusionnée avec la Compagnie de la Méditerranée, un nouveau cahier des charges fut dressé et annexé au décret de la concession, du 11 avril 1857. Il porte (art. 48, ch. V) : « Tout traité particulier qui aurait pour effet d'accorder à un ou plusieurs expéditeurs une réduction sur des tarifs approuvés, demeure formellement interdit. »

Quant aux traités en vigueur, un arrêté du ministre du 26 septembre 1857 en régla le sort de la manière suivante :

« J'ai décidé, dit le ministre en parlant de ces traités, que quel soit le terme de leur échéance, ils cesseraient également de recevoir leur exécution à partir du 1er janvier 1858, faute de quoi je déclarerai les réductions de prix consenties par ces traités applicables à tous les expéditeurs sans condition. »

Dans cette situation, la nouvelle Compagnie du chemin de fer de Paris à Lyon et à la Méditerranée soumit de nouveau au ministère le traité Nizerolles, et lui demanda l'autorisation de le maintenir.

Le ministre, par lettre du 26 octobre 1857, répondit que « quelles que fussent les conditions dans lesquelles le traité avait été conclu, l'arrêté qui interdisait les traités particuliers était absolu et devait recevoir une application générale, et qu'il ne pouvait dès lors autoriser la Compagnie à maintenir le traité. »

La Compagnie, par acte du 9 novembre 1857, déclara alors aux sieurs Nizerolles et Toufflin que, conformément à la décision du ministre, et à partir du 1er janvier 1858, elle entendait ne plus exécuter les conventions intervenues entre eux et l'Etat, le 4 février 1851.

Les sieurs Nizerolles et Toufflin ayant au contraire persisté à exiger l'exécution du traité, à peine de dommages-intérêts, le tribunal de commerce de Paris, saisi de la contestation, accueillit les conclusions de ces derniers par jugement du 10 mai 1858, ainsi motivé :

« Attendu qu'en février 1851 et juin 1855, la Compagnie du chemin de fer » de Lyon s'est verbalement engagée à effectuer entre certaines villes dénom-

» mées et Paris, les transports de toutes les marchandises de Nizerolles et » Toufflin, moyennant une réduction de prix sur les tarifs en vigueur ;

» Qu'elle a fixé la durée de cet engagement verbal à douze années, à partir » de février 1851, et a stipulé la réserve, à son profit seulement, de le faire » cesser au 1er mars 1859, à la charge de donner en ce cas une indemnité » dont le mode de règlement était fixé à l'avance ;

» Attendu que ces conventions verbales ont été régulièrement exécutées par » les parties jusqu'au 31 décembre 1857, mais que, le mois de novembre » précédent, la Compagnie a, par acte extrajudiciaire, signifié à Nizerolles et » Toufflin qu'elle entendait cesser, à partir du 1er janvier 1858, d'effectuer les » transports à prix réduits, prétendant qu'elle se trouvait dans l'impossibilité » absolue de le faire, par suite d'une circulaire ministérielle et du refus de » l'administration de laisser continuer à l'égard des demandeurs la faveur » exceptionnelle d'une réduction de taxe ;

» Qu'arguant de cette situation, la Compagnie a cessé depuis le 1er jan- » vier 1858 d'exécuter les conventions ;

» Qu'elle se refuse à toute indemnité, et invoque à l'appui de ses préten- » tions le bénéfice des articles 1147 et 1148, C. Nap.;

» Attendu que si la circulaire dont on excipe fait défense aux Compagnies » de chemins de fer de continuer, à partir du 1er janvier 1858, tous les trai- » tés en vigueur qui avaient pour effet d'accorder à un ou plusieurs expédi- » teurs une réduction sur les tarifs, faute de quoi l'administration déclarerait » cette réduction applicable aux tiers sans exception ni condition, cette défense » est tout simplement la mise en pratique du droit que l'administration s'était » réservé, non de faire cesser à son gré lesdits traités, mais de les rendre » obligatoires vis-à-vis de tous les autres expéditeurs, sans aucune distinction » de tonnage ou autres avantages ;

» Attendu que vainement la Compagnie voudrait faire résulter, de cette cir- » culaire et du refus fait par l'administration de continuer exceptionnellement » la faveur consentie à Nizerolles et Toufflin un acte de force majeure ou un » cas fortuit ;

» Qu'en effet, il résulte des documents de la cause que la Compagnie a » volontairement accepté de l'État les conditions exceptionnelles stipulées en » 1851 entre ce dernier et le demandeur ;

» Qu'en 1855, elle les a étendues sur un plus long parcours de son réseau, » de Paris à Lyon ;

» Que, placées au regard de l'autorité administrative sous la condition supé- » rieure résultant de ses cahiers de charges, elle a eu le tort de ne pas l'imposer » à son tour aux demandeurs, et ne peut donc imputer avec raison à d'autres

» qu'à elle-même la nécessité de subir aujourd'hui les conséquences d'une » position qui ne met d'autre empêchement à l'exécution de son engagement » verbal que son seul intérêt ;

» Que, d'ailleurs, le principe d'indemnité auquel elle voudrait échapper a été » prévu ;

» Que la base du règlement pour les quatre dernières années a été prévue » d'avance entre les parties, d'où il suit que Nizerolles et Toufflin réclament » à bon droit l'exécution des conventions verbales précitées, sinon des dom- » mages-intérêts à fixer par état. »

Mais sur l'appel, arrêt infirmatif de la Cour de Paris, du 16 avril 1859, ainsi motivé :

« Considérant que Nizerolles et Toufflin poursuivent l'exécution d'une con- » vention verbale intervenue en 1851 entre eux et le directeur du chemin de » fer de Lyon, alors exploité par l'Etat;

» Qu'ils soutiennent contre la Compagnie ultérieurement concessionnaire la » validité de cette convention, laquelle pendant douze années leur assure une » réduction de 1 centime par tonne et par kilomètre sur le prix du trans- » port des charbons de bois, sans égard aux abaissements que subiraient les » tarifs, dont ils devront d'ailleurs profiter ;

» Considérant que la Compagnie ne peut être tenue des obligations de l'ad- » ministration aux droits de laquelle elle a succédé par la concession, que con- » formément aux clauses du cahier des charges qui en a réglé les conditions ;

» Considérant que l'une des dispositions de l'article 50 dudit cahier des char- » ges porte : « La perception des taxes devra se faire indistinctement et sans » faveur ; et dans le cas où la Compagnie aurait accordé une réduction sur » l'un des prix portés au tarif, l'administration aura le droit de déclarer la » réduction obligatoire vis-à-vis de tous les expéditeurs. »

» Considérant que, malgré cette stipulation si formelle du cahier des char- » ges, Nizerolles et Toufflin réclament contre la Compagnie la réduction con- » venue, à l'exclusion de tous autres expéditeurs ;

» Qu'ils prétendent même que si, en exécution de l'article 50 du cahier des » charges, l'État rendait cette réduction obligatoire vis-à-vis de tous les expé- » diteurs, ils auraient successivement, et au fur et à mesure des assimilations » ordonnées par l'Etat, toujours droit à une réduction nouvelle de 1 centime ;

» Considérant qu'une semblable prétention est contraire au cahier des char- » ges annexé à la concession faite à la Compagnie et qui fait la loi de ceux » qui se servent de la voie de fer comme de la Compagnie elle-même ;

» Qu'elle rendrait sans effet l'intervention de l'administration pour la défense

» du principe d'égalité, base essentielle de la loi organique des concessions » de chemins de fer;

» Qu'elle créerait au profit des intimés une faveur permanente et exclusi» vement personnelle :

» Qu'une telle stipulation doit être annulée;

» Considérant d'ailleurs que, plus explicite encore dans ses termes, l'ar» ticle 48 du cahier des charges de la Compagnie de Lyon, en date du » 11 avril 1857, a formellement interdit tout traité particulier qui aurait pour » effet d'accorder à un ou plusieurs expéditeurs une réduction sur les tarifs » approuvés, et qu'un arrêté ministériel, du 26 septembre 1857, a étendu » cette interdiction aux traités antérieurs, lesquels devront, quelle que soit la » durée de leur échéance, cesser d'être exécutés à partir du 1er janvier 1858;

» Considérant que, malgré ces actes de l'administration, la Compagnie de » Lyon, qui jusque-là avait volontairement exécuté la convention verbale » de 1851, a, le 1er octobre 1857, sollicité encore une exception en faveur » de Nizerolles et Toufflin, et que ce n'est que sur le refus de l'administration » et l'interdiction réitérée et absolue de tout traité particulier, qu'elle a dé» claré à ceux-ci qu'à partir du 1er janvier 1858 la convention verbale » de 1851 cesserait de recevoir son exécution;

» Considérant d'après tout ce qui vient d'être dit, soit qu'on l'envisage dans » son principe et dans ses rapports avec la législation sur les chemins de fer, » soit qu'au regard de la Compagnie appelante, on se reporte aux dispositions » de son cahier des charges annexé à la loi de concession, soit enfin qu'on » l'apprécie sous l'influence du cahier des charges de 1857 et des décisions » ministérielles sus-mentionnées, ladite convention ne saurait être maintenue;

» Que c'est donc à tort et sans droit que les premiers juges en ont ordonné » l'exécution, et à défaut, condamné la Compagnie de Lyon au paiement de » dommages-intérêts. »

Pourvoi des sieurs Nizerolles et Toufflin pour violation des art. 1134, C. Nap.; 2 du même Code; 11 du cahier des charges annexé au décret du 5 janvier 1852, portant concession du chemin de fer de Paris à Lyon; fausse application des articles 50 du même cahier, 48 du cahier des charges annexé au décret du 11 avril 1857, autorisant la fusion de la Compagnie de Paris à Lyon avec la Compagnie de la Méditerranée, et des dispositions des art. 1147 et 1148, C. Nap., en ce que l'arrêt attaqué a annulé un traité qui, à l'époque où il a été passé, était licite, sauf la faculté d'assimilation réservée à l'administration, et en conséquence ne pouvait pas être résolu sans dommages-intérêts, même en vertu de nouvelles mesures prises par l'administration, mesures auxquelles il n'est pas permis de donner un effet rétroactif.

ARRÊT.

« La Cour :

» Attendu que si le traité du 4 février 1851 n'avait accordé à la maison
» Nizerolles que la réduction de 1 centime sur le tarif général alors en vigueur,
» ce traité n'aurait eu rien que de très-licite aux termes du cahier des char-
» ges qui régissait le chemin dont il s'agit, sauf à généraliser et à étendre à
» tous les autres expéditeurs cette réduction, ainsi que l'administration s'en
» était réservé expressément le droit;

» Mais attendu qu'il résulte de l'arrêt attaqué qu'indépendamment de cette
» première réduction il fut encore stipulé entre les parties que si le tarif gé-
» néral était abaissé pendant le cours du traité, la maison Nizerolles pro-
» fiterait de cet abaissement et aurait toujours droit à une réduction nouvelle
» de 1 centime successivement et au fur et à mesure des assimilations or-
» données par l'État, ce qui constituait en faveur des expéditeurs un privi-
» lége permanent et exclusivement personnel, qui rendait sans effet l'interven-
» tion de l'administration pour la défense du principe d'égalité, base essentielle
» des lois organiques des chemins de fer;

» Attendu que des conventions contraires à ces lois, étant nulles, ne pou-
» vaient servir de fondement à une action en dommages-intérêts;

» Attendu qu'en le décidant ainsi, l'arrêt attaqué, loin de violer les prin-
» cipes invoqués, en a fait au contraire une saine application à l'espèce :

» Par ces motifs, rejette. »

Du 6 août 1861. — Ch. civ., M. Pascalis, *prés.* — M. Lavielle, *rapp.* — M. de Marnas, prem. av. gén. — *Concl. conf.*, MM. Dufour et Beauvois-Devaux.

XX.

AFFAIRE DE LA COMPAGNIE DU CHEMIN DE FER D'ORLÉANS CONTRE BOURDEAU.

Transport de pierres. — Refus de payer la taxe voulue — fondé sur la combinaison de deux tarifs dont l'application devait être distincte et séparée.

Jugement du tribunal de commerce de Limoges du 30 novembre 1859. — Arrêt de la Cour de cassation du 10 juin 1861.

Lorsqu'une Compagnie de chemin de fer a établi pour certaines marchandises un tarif général portant abaissement du prix de transport fixé par le tarif spécial pour la classe à laquelle appartiennent ces marchandises, si, plus tard, dans un nouveau tarif spécial, elle accorde au commerce le bénéfice d'une abréviation fictive de distance entre certaines localités, mais avec indication des prix de transport énoncés au tarif général, sans distinction de marchandises, les avantages résultant de ces deux tarifs ne peuvent être cumulés, et dès lors les expéditeurs des marchandises énoncées dans le premier tarif n'ont droit qu'à la faveur d'un abaissement de taxe, sans abréviation de distance, ou d'une abréviation de distance sans abaissement de taxe, selon qu'ils optent pour le premier ou pour le second tarif. (Ord. du 15 nov. 1846.)

ARRÊT.

« La Cour,

» Vu l'article 48 du cahier des charges du chemin de fer d'Orléans, les deux » tarifs spéciaux du même chemin, sous les n°s 8-22 et 8-93, le tout ap- » prouvé par l'administration supérieure, conformément aux articles 44 et » suivants de l'ordonnance du 15 novembre 1846 ;

» Attendu que, d'après le tarif général du chemin de fer d'Orléans, le prix

(1) Dalloz, 1861. 1. 261.

» du transport des marchandises de troisième classe, par la petite vitesse, était » fixé à 10 centimes par tonne et par kilomètre;

» Attendu que, par un tarif spécial, sous le n° 8-22, approuvé le 31 mai 1854, » cette taxe fut abaissée de 10 centimes à 6 centimes pour certaines marchan- » dises de grand poids et de petite valeur, telles que les matériaux de cons- » truction et spécialement les cailloux;

» Attendu que par un second tarif, sous le n° 8-93, approuvé le » 15 juillet 1858, la Compagnie d'Orléans n'ayant pu livrer au terme fixé la » section de Limoges à Périgueux, voulut néanmoins faire jouir le commerce » des avantages anticipés que l'ouverture de cette section lui promettait en » calculant les distances de Limoges à Bordeaux, la Rochelle, Rochefort, de » Coutras à Périgueux et *vice versâ*, comme si le chemin de fer traversait déjà » ces contrées;

» Attendu qu'à côté de cette abréviation fictive des distances, le même tarif » indiquait aussi le prix correspondant des transports pour chaque localité » sans aucune exception, ce qui comprenait les matériaux de construction » comme tous les autres objets de la même classe;

» Attendu que le défendeur ayant fait une expédition de cailloux de Bersac » à Bordeaux prétendit jouir à la fois du bénéfice des deux tarifs spéciaux, » c'est-à-dire de la réduction à 6 centimes faite par le premier de ces tarifs, » et de la réduction des distances accordée par le second;

» Attendu que, si ce second tarif spécial avait gardé le silence sur le prix » des transports, le défendeur aurait pu se prévaloir des prix réduits du pre- » mier tarif;

» Mais attendu que le second tarif, comme le premier, s'occupe spéciale- » ment des prix de transport; qu'il se divise, en effet, en deux colonnes, » dont la première règle les distances kilométriques calculées à l'avance, » comme si la section de Limoges à Périgueux était déjà livrée à la circula- » tion, et la seconde colonne fixe le prix nouveau qui sera perçu sur les mar- » chandises de toutes les classes;

» Attendu que ce dernier tarif, légalement approuvé, dérogeait au premier, » soit pour les distances, soit pour les prix; qu'il faisait la loi nouvelle des » parties; qu'il faut dès lors le prendre dans son entier et ne pas scinder ses » dispositions principales et corrélatives, pour accepter l'une et rejeter l'autre » qui n'en était que la conséquence naturelle;

» Attendu que le jugement attaqué a fait néanmoins cette distinction et » autorisé le défendeur à se prévaloir en même temps, soit de l'abaissement » du prix de 1854, soit de l'abréviation des distances de 1858, bien que ce » dernier tarif eût déterminé de nouveaux prix, eu égard aux distances fictive-

» ment abrégées ; en quoi ledit jugement a faussement appliqué et, par suite, » violé les articles ci-dessus visés :

» Par ces motifs, casse le jugement du tribunal de commerce de Limoges, du 30 novembre 1859. »

Du 10 juin 1861, Ch. civ.; MM. Pascalis, *prés.*; Lavielle, *rapp.*; de Marnas, 1er av. gén., *concl. conf.* ; Clément et Duboy, *av.*

XXI.

AFFAIRE DEFERT, LEMAIGRE ET DAUTZINGER CONTRE LA COMPAGNIE DU CHEMIN DE FER DE PARIS A LYON ET A LA MÉDITERRANÉE.

Transport de vins. — Refus de payer —, fondé sur le caractère prétendu de faveur d'un traité qui aurait été comme tel prohibé par le cahier des charges, alors qu'il s'agissait d'un tarif homologué, accordant un abaissement pour des marchandises d'une certaine provenance.

Arrêt de la Cour de cassation du 11 août 1864.

« La Cour,

» Attendu que les sieurs Defert, Lemaigre et Dautzinger, après avoir acquitté, sans réserve, les droits réclamés d'eux par la Compagnie des chemins de fer de Paris à Lyon et à la Méditerranée, pour le transport de vins et spiritueux de Cette à Paris, d'après le tarif n° 3 de cette Compagnie, ont demandé une restitution basée sur l'article 3 *bis* du même tarif;

» Mais attendu que ledit article 3 *bis* ne s'applique qu'aux transports de vins et spiritueux en fût de Cette à Paris, et provenant des localités au-delà de Béziers, sous la condition que la provenance de la marchandise serait justifiée par la production des acquits de régie;

» Attendu que cette justification n'a pas été faite par les demandeurs en cassation;

» Attendu que lesdits demandeurs prétendent qu'il s'agit là d'un traité de faveur prohibé par l'article 48 du cahier des charges de ladite Compagnie;

» Mais attendu que l'on ne peut considérer comme un traité de cette nature, un tarif autorisé par l'administration supérieure, accordant un abaissement de tarif pour des marchandises d'une certaine provenance;

» Qu'en effet, le tarif spécial dont il s'agit n'accorde pas des avantages particuliers à certaines marchandises et à certains expéditeurs, mais que tous ceux qui se trouvent dans les mêmes conditions peuvent en profiter;

» Qu'ainsi, dans la cause, il n'y a pas eu violation des articles invoqués;

» Rejette. »

11 août 1864. — Ch. req. M. ..., *prés.*; M. Taillandier, *rapp.*; M. P. Fabre, *av. gén.*; M. Bosviel, *av.*

PARIS. — IMPRIMERIE CENTRALE DES CHEMINS DE FER DE NAPOLÉON CHAIX ET Cie, RUE BERGÈRE — 5376.

TABLE

DU RECUEIL DE JURISPRUDENCE

Transport des grains et farines.

Refus de payer le prix fixé par le tarif homologué — fondé sur un autre tarif homologué — nonobstant la différence des conditions *en ce qui touche les lieux d'expédition et de destination, et la remise au chemin de fer de la totalité des transports.*

JUGEMENT DU TRIBUNAL DE COMMERCE D'ORLÉANS du 8 octobre 1856.

ARRÊT DE LA COUR D'ORLÉANS du 28 avril 1857.

ARRÊT DE LA COUR DE CASSATION du 8 juin 1859.

Transport de sels.

Refus de payer le prix fixé par le tarif homologué — fondé sur un traité particulier — nonobstant la différence des conditions *en ce qui touche la remise au chemin de fer de la totalité des transports, et l'engagement de fournir un minimum de tonnage.*

JUGEMENT DU TRIBUNAL DE COMMERCE DE LA SEINE du 12 novembre 1856.

(Appel suivi de désistement.)

Transport de produits métallurgiques et matières premières.

Refus de payer le prix fixé par un traité particulier — fondé sur un autre traité particulier — nonobstant la différence des conditions *en ce qui touche le tonnage, la nature des marchandises transportées, etc.*

JUGEMENT DU TRIBUNAL DE COMMERCE DE LA SEINE du 31 décembre 1856.— Exécuté sans appel.

Roulage et commission. — Marchandises de transit entre la France et l'Allemagne.

Refus de payer le prix fixé par le tarif homologué — fondé sur un tarif commun international approuvé — nonobstant la différence des conditions *en ce qui touche les lieux d'expédition et de destination.*

JUGEMENT DU TRIBUNAL DE COMMERCE DE PARIS du 18 mai 1857.

ARRÊT DE LA COUR DE PARIS du 26 novembre 1858.

(Pourvoi suivi de désistement.)

IMPRIMERIE CENTRALE DES CHEMINS DE FER — A. CHAIX ET C°, RUE BERGÈRE, 20, A PARIS. — 10744-4.

www.ingramcontent.com/pod-product-compliance
Ingram Content Group UK Ltd.
Pitfield, Milton Keynes, MK11 3LW, UK
UKHW021152260726
13994UKWH00001B/419

9 782329 449487